Contents

Introduction 保存食の基礎知識

- 保存食とは何か？ 4
- 保存食の歴史 5
- 保存食の分類 6
- この本の見方 9
- 保存食図鑑

Chapter 1 野菜・果物の保存食 AGRIFOOD

- 01 アチャール 12
- 02 ザーサイ 13
- 03 キムチ 14
- 04 桜の塩漬け 15
- 05 ザワークラウト 16
- 06 奈良漬け 17
- 07 切り干し大根 18
- 08 ぬか漬け 19
- 09 ショウガの甘酢漬け 20
- 10 オリーブの塩漬け 21
- 11 梅干し 22
- 12 ピクルス 23
- 13 ニンニクのしょうゆ漬け 24
- 14 ケッパー 25
- 15 タプナード 26
- 16 チャツネ 27
- 17 チューニョ 28
- 18 コンポート 29
- 19 プリザーブドレモン 30
- 20 ジャム 31
- 21 マロングラッセ 32
- 22 干し柿 33
- Column 01 ナッツの種類と特徴 34
- 23 マーマレード 35
- 24 デーツ 36
- 25 カヤジャム 37
- 26 レーズン 38
- 27 ミンスミート 39
- 28 高野豆腐 40
- 29 実山椒 41
- 30 餅 42
- 31 ラペソー 43

Chapter 2 魚介の保存食 SEAFOOD

- 01 オイルサーディン 46
- 02 アンチョビ 47
- 03 カキのオイル漬け 48
- 04 キャビア 49
- 05 魚の甘露煮 50
- 06 エスカベッシュ 51
- 07 鰹節 52
- 08 キッパー 53
- 09 カラスミ 54
- 10 くじらベーコン 55
- 11 スモークサーモン 56
- 12 鮭とば 57
- Column 02 世界の保存調味料 58
- 13 イカの塩辛 59
- 14 カツオの酒盗 60
- 15 魚の粕漬け 61
- 16 なれずし 62
- 17 佃煮 63
- 18 バカリャウ 64
- 19 みりん干し 65

Chapter 3 肉と卵の保存食 MEAT & EGG

- 01 コンビーフ 68
- 02 サラミ 69
- 03 コンフィ 70
- 04 ソーセージ 71
- 05 サーロ 72
- 06 パストゥルマ 73
- 07 パテ 74
- 08 ハモン・セラーノ／ハモン・イベリコ 75
- 09 パンチェッタ 76

2

Chapter 4 保存食レシピ

Preparation 保存食を作る前に
- 保存食の保存方法 …… 90
- 保存容器の種類 …… 91
- 保存容器の煮沸消毒 …… 92
- 燻製の基礎知識 …… 93

Column 03 チーズの種類と特徴 …… 84
Column 04 世界の臭い保存食 …… 86

漬ける保存食
- 01 ビーツのピクルス …… 93
- 02 キュウリ（ガーキン）のピクルス …… 94
- 03 マッシュルームのピクルス …… 95
- 04 卵のピクルス …… 95
- 05 タマネギのピクルス …… 96
- 06 カボチャのピクルス …… 96
- 07 キュウリのぬか漬け …… 97
- 08 ザワークラウト …… 98
- 09 梅干し …… 99
- 10 ドライナッツのハチミツ漬け …… 100
- 11 プリザーブドレモン …… 101
- 12 ナスのオイル漬け …… 102
- 13 オイルサーディン …… 103
- 14 鴨肉のコンフィ …… 104

乾燥させる保存食
- 15 ドライトマト …… 105
- 16 切り干し大根 …… 106
- 17 干し柿 …… 106
- 18 ドライフィグ …… 107
- 19 ドライマンゴー …… 107
- 20 レーズン …… 108
- 21 ドライアプリコット …… 109
- 22 ドライアップル …… 109
- 23 干しシイタケ …… 109

ジャム・コンポート・マーマレード
- 24 ラズベリージャム …… 110
- 25 ストロベリージャム …… 111
- 26 ブルーベリージャム …… 112
- 27 フィグジャム …… 113
- 28 アップルコンポート …… 114
- 29 チェリーコンポート …… 115
- 30 ピーチコンポート …… 116
- 31 オレンジマーマレード …… 117
- 32 オニオンジャム …… 118

ペースト・ソース・調味料
- 33 柚子胡椒 …… 119
- 34 タプナード …… 120
- 35 味噌 …… 121
- 36 マンゴーチャツネ …… 122
- 37 グリーンチャツネ …… 123
- 38 トマトソース …… 124
- 39 クランベリーソース …… 126
- 40 バーニャカウダソース …… 127
- 41 ハニーマスタードドレッシング …… 128
- 42 ピーナッツバター …… 129
- 43 フレーバーオイル …… 130
- 44 ペスト・ジェノヴェーゼ …… 131
- 45 ラグー・ボロネーゼ …… 132
- 46 マッシュルームパテ …… 134
- 47 チキンレバーパテ …… 135

燻製
- 48 スモークチーズ …… 136
- 49 スモークサーモン …… 137
- 50 ベーコン …… 138

果実酒
- 51 サングリア …… 139
- 52 リモンチェロ …… 140
- 53 梅酒 …… 141
- 54 カシス酒 …… 142
- 55 アンズ酒 …… 143

Chapter.4 保存食レシピ
- 10 ピータン …… 77
- 11 ビーフ・ジャーキー …… 78
- 12 プロシュット …… 79
- 13 ベーコン …… 79
- 14 ランチョンミート …… 80
- 15 ラルド …… 81
- 16 リエット …… 82
- …… 83

保存食の基礎知識

保存食とは何か？

保存食とは一般的に、長期間（数カ月〜数年）貯蔵・備蓄することを目的に、防腐や防カビの処理をされた加工食品を指します。

その多くは、冬季や乾季、航海、軍用など、食料の確保が難しい状況に備えて、昔の人々が知恵を絞って生み出したものです。

現代のように食料が豊富でなく、冷蔵・冷凍技術もなかった時代、食品を腐敗やカビから守り長く保存するということは、当時の人々にとって継続的かつ安定的に食料を得るということを意味し、長年にわたって研究されてきました。

保存食は原料や製法、保存方法によって分類され、畜産物なら燻製、塩漬け、干し肉、油漬け、水産物なら干物、燻製、塩漬け、酢漬け、油漬け、農産物なら野菜の乾物や漬物、果実のジャムや砂糖漬けなど、その種類は多岐にわたります。

かつてはその地域でのみ限定的に食べられていた保存食ですが、保存技術や輸送手段が発達した今では、名産品として広い地域で親しまれています。

さらに近年は、その保存性の高さ以外のメリットにも注目が集まっています。

例えば梅干しに含まれる「梅リグナン」には強い抗酸化作用があり、疲労回復や食欲増進効果が期待できるなど、健康食品としても認知されているほか、緊急・災害時の備蓄食料としても役立っています。

◆ 保存食の分類

保存食は調理方法も食材も多岐にわたりますが、大きく分けると、調理方法は「漬ける」、「干す（乾燥）」、「いぶす（燻製）」、「煮る」の4種類、食材は「農産物（野菜）」、「水産物（魚介）」、「畜産物（肉・卵）」の3種類に分類されます。ここでは、それぞれの調理方法や食材で作られる代表的な保存食と、各調理方法の特徴について解説します。

◆ 調理方法による分類

漬ける	干す（乾燥）	いぶす（燻製）	煮る
 ▲オリーブの塩漬け（p.21）	 ▲ビーフ・ジャーキー（p.78）	 ▲スモークサーモン（p.56）	 ▲コンフィ（p.70）
 ▲ぬか漬け（p.19）	 ▲レーズン（p.38）	 ▲ベーコン（p.80）	 ▲ジャム（p.31）
食材を、塩、しょうゆ、酢、砂糖、麹（こうじ）、味噌などの調味料や、アルコール、油などの漬け床の中に一定期間漬けておく保存方法。漬ける期間は短いものから長いものまでさまざまだが、長期間漬ける場合は発酵作用を利用することが多い。このように食材を漬けることで、雑菌の繁殖や侵入を防ぐ効果がある。	食材を食品用乾燥機にかけたり、天日に干したりすることで水分を飛ばす保存方法。乾燥させることで、素材のうま味が凝縮されて栄養価が高まる効果があるほか、微生物や雑菌が生息しづらい環境となり、腐敗やカビの繁殖を防ぐ効果がある。乾燥機がなかった時代は、天日干しで食材を乾燥させることが主流だった。	サクラやナラなどの木材を燃やし、その煙を食材に当て続けることによって乾燥させる方法で、燻製には「熱燻」、「温燻」、「冷燻」の3つの方法がある。食材から水分を除去するだけでなく、煙に含まれる防腐性のある物質が食材をコーティングし、外部からの雑菌の侵入を防ぐほか、保存力を高める効果がある。	食材を砂糖や油などで煮詰める方法。果物の果実や果汁を大量の砂糖と共に煮詰めるジャムは、果実に含まれるペクチンに糖と酸が反応し、ゲル化させることで水分活性を低くして、雑菌の繁殖を防ぐ。また、低温の油でゆっくりと肉を煮るコンフィは、食材を固まった油の中で保存することで雑菌の進入を防ぐ。

◆ 食材による分類

野菜・果物の保存食	魚介の保存食	肉と卵の保存食
穀物、野菜、果物、豆類などの農産物を加工し、保存食にしたもの。	海や河川、湖沼で獲れる魚類、貝類、甲殻類、海藻などを加工し、保存食にしたもの。	牛、豚、鶏などの肉や乳製品、卵などを加工し、保存食にしたもの。
【例】ジャム、梅干し、オリーブの塩漬け、レーズン、ザワークラウト、チューニョ、高野豆腐、デーツ、干し柿など	【例】アンチョビ、オイルサーディン、キッパー、バカリャウ、鰹節、キャビア、スモークサーモン、干物など	【例】干し肉（ビーフ・ジャーキー）、ベーコン、生ハム、サラミ、コンビーフ、チーズ、ピータンなど

保存食の歴史

◆ 保存食の起源

保存食の歴史は非常に古く、人類が野山の植物や動物、海辺の魚介類などを獲って食べていた狩猟・採集の時代には、干し肉や干物などがすでに食べられていたと考えられます。継続的に食物を得るため、食用に適した植物の栽培や家畜を飼育するようになると、それに伴って食材をより長く、よりさまざまな形態で保存する方法を発見・研究するようになりました。「塩蔵（塩漬け）」、「糖蔵（砂糖漬け）」、「乾燥」、「燻製」、「発酵」など、保存食の基本となる方法は、古代からすでに存在したと考えられています。

冷凍技術がない時代（ヨーロッパ）の食品貯蔵庫。

◆ 保存食の発展

人類が文明を築き、遠方の国同士が交易を行うようになると、ただ単に食品の保存を目的としていた時代が終わり、保存した食品をよりおいしく食べるための研究が行われるようになります。特にヨーロッパでは、十字軍遠征や大航海時代の到来で東方やアメリカ大陸からさまざまなスパイスがもたらされたことにより、保存食の調理法や種類、味が劇的に発展しました。長い航海を必要とする大航海時代に保存食の需要が高まったこと

も、その発展を後押ししました。そして、保存食が発展すると同時に、その保存食を食べるための特殊な調理が必要となる場合が生じたことから、それぞれの保存方法に特化した調理法が考案されました。これらの調理法は、現在も食文化のひとつとして各地域に残っています。

◆「瓶詰」と「缶詰」の発明

19世紀に入ると、保存食の歴史におけるひとつの大きな転換点が訪れます。そのきっかけは1804年、遠征における食料補給の問題に悩まされていたフランス皇帝のナポレオン・ボナパルトが、軍用食の保存技術を公募したことに始まります。そして、これに応じて、フランス

人の食品加工業者ニコラ・アペールが、広口瓶に食品を詰める「瓶詰」を発明したのです。さらにその後、ガラス瓶は重くて破損しやすいという欠点があったことから、1810年にイギリス人のピーター・デュランドが、金属容器に食品を詰める「缶詰」を発明しました。

瓶詰も缶詰も、もともとは軍用食向けとして開発されたものですが、この加熱殺菌という保存方法により、食品の風味をあまり損なわず

大航海時代の帆船には、干し肉やバカリャウなどの干し魚を樽に詰め込んで食料としていた。

冷凍食品の味も飛躍的に向上しました。その後、レトルト食品やフリーズドライ食品なども開発され、保存食も大きな変化を遂げています。

◆「冷蔵・冷凍技術」の発展

保存食にとってのふたつ目の転換は、冷蔵・冷凍技術の発達です。

これによって生鮮食品でも比較的長期間新鮮な状態のまま貯蔵できるようになり、低温下で保存することで雑菌の繁殖を抑え、調理済み、半調理済み、生の食材など、長期保存できる食品の幅が一気に広がったのです。

1960年代以降、家庭にも冷蔵・冷凍庫が普及しましたが、当初は冷凍技術の問題や適切な解凍方法がないなどの理由から、食品の味が落ちるとして敬遠されがちでした。しかし、アメリカ人のクラレンス・バーズアイが開発した急速冷凍技術や、水産物の船上冷凍技術の向上などにより、

に長期保存ができるようになったのです。また、調理済みの食品を保存するため、容器を開ければそのまますぐに食べられるという手軽さも相まって、その有用性と利便性から現在に至るまで、一般にも広く普及することとなりました。

(上)さまざまな瓶詰。(下)缶詰。初期の頃は殺菌方法に問題があり、中身が発酵して破裂することもあった。

◆「加工」が生み出す魅力

保存食は本来、非常時に備えた食品です。古くは食料の少ない冬を乗り切るためや飢饉を恐れて作り置きされました。現在では、いつでも使える手軽な食品なのに加えて、災害用備蓄食品としても重要です。

また、塩蔵、乾燥、発酵などによって、栄養を損なわず、あるいは新たな栄養を生み出して、旨味や食感を増して、食生活に豊かさを加えてくれます。

日常に保存食を取り入れることで、健康的であることはもちろん、災害などの非常時にも心強い味方となってくれるでしょう。

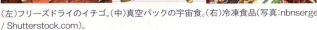

(左)フリーズドライのイチゴ。(中)真空パックの宇宙食。(右)冷凍食品(写真:nbnserge / Shutterstock.com)。

Introduction

◆ 日本の保存食の歴史

日本における保存食の歴史は、縄文時代に始まります。当時の人々が主に食べていたものは、採集したクリ、クルミ、ドングリなどのナッツ類、狩猟や漁で得たイノシシやシカ、イワシ、マグロなどでした。しかし、冬になるとナッツ類を収穫することは難しく、秋の間に得た食料を保存しておく必要がありました。

この頃からイノシシの燻製や貝類の天日干し、魚や野菜の塩漬けなどの保存食が作られていたようです。また、ナッツ類を粉末状にして肉や油などと混ぜて焼いた、「縄文クッキー」と呼ばれるクッキーに似た保存食も作られていました。

弥生時代に入ると稲作が定着し、収穫した米を発酵させて酒を造っていたほか、麹と海塩によって食品を発酵させて作る「醤」と呼ばれるペースト状の調味料が作られていました。この醤から「未醤」といぅ味噌の原型が生まれ、そして鎌倉時代に現在のような「味噌」が生まれました。

さらに、この味噌から副産物にできた「たまり」が液体調味料として発展し、室町時代に「しょうゆ」の原型ができたといわれています。時代とともに発展してきたこれらの保存調味料は、今でも日本の食文化の土台となっています。

また、日本食の代表的な存在である寿司も、じつは保存を目的に生まれたもののひとつです。その起源は紀元前4世紀頃の東南アジアで食べられていた、魚肉を加工した保存食だったとされ、日本には、稲作と共に中国から伝わったといわれています。当初はフナやアユなどを米と一緒に漬けて発酵させたもので、日持ちすることから保存食として食されていました。この寿司の原型は「なれずし（熟れ鮨、馴れ鮨）」といい、現在でも日本各地の郷土料理として残っています。

日本の保存食で特徴的なものに「粕漬け」「味噌漬け」「しょうゆ漬け」があります。一種の調味液漬けですが、野菜、魚、肉など、食材は選びません。漬けることによって美味しくする効果もあるのですが、冷蔵・冷凍技術が発達していない時代では、漬けることによって日持ちさせる効果が期待されていました。

粕漬けは、みりんや酒粕に野菜、魚、貝、肉を漬けますが、アルコールの効果もあって相当期間、製法によっては週や月の単位で保存できたようです。

（上）和食に欠かせない保存調味料のひとつであるしょうゆ。
（下）寿司の原型とされる、なれずしの一種。

この本の見方

「保存食図鑑」では、世界の代表的な保存食66種を食材別に分類し、それぞれの保存食の歴史やデータ、食べ方などの基本情報を掲載しています。また、「保存食レシピ」では、55種類の保存食レシピを掲載しています。

【Chapter 1～3 保存食図鑑】

【Chapter 4 保存食レシピ】

- ① 各保存食の名称
- ② 各保存食の写真
- ③ 各保存食の基本情報
- ④ 各保存食のデータ
  - ■分類
  - ■主な食材
  - ■発祥国・地域
  - ■旬(シーズン)
  - ■保存期間
- ⑤ 各保存食の食べ方や調理法

- ① 保存方法の分類
- ② 各保存食の名称
- ③ 各保存食の保存期間
- ④ 材料と分量
- ⑤ 作り方
- ⑥ 作る際のポイント
- ⑦ 各保存食の写真

保存食図鑑　　　　　　　　　*Chapter 1*

野菜・果物の保存食
AGRIFOOD

野菜や果物には旬があるが、
季節でなくとも食せるように、
食材に合わせた保存方法が生まれた。

野菜の保存食 **31**品

ジャムや酢漬けの瓶詰（p.23、p.29、p.31）。瓶詰は缶詰に先立ち開発された、長期間保存可能な技術。

Achaar
アチャール

スパイスをたっぷり使ったインドのピリ辛漬物

ショウガのアチャール。

インドやその周辺諸国で作られる、野菜や果物の漬物であるアチャール。発祥はインドと考えられており、もともとは農作物が不作のときのための保存食として作られていたもので、食材によっては、常温で2年以上も保存が可能だという。

アチャールに使われる食材は、ニンジンやショウガ、タマネギなどの野菜のほか、トウガラシやレモン、マンゴー、ヒヨコ豆といったものもある。作り方はいたってシンプルで、これらの食材を、数種類のスパイスや酢と共にマスタードオイル（マスタードの種子から抽出される油）に漬け込めば完成。日本の漬物と同様に、現地の食卓に欠かせない存在として親しまれている。

● どうやって食べる？

現地ではカレーの付け合わせとして食べるのが最も一般的で、日本でいう福神漬けのような存在といえる。程よい酸味と辛味がクセになり、添えるだけで本格的な味を楽しめるので、ぜひチャレンジしてみて。

（左）青マンゴーのアチャールの材料。（右）青トウガラシのアチャール。

Data

- **分類** 油漬け・酢漬け
- **主な食材** 野菜、果物、酢、スパイス、マスタードオイル
- **発祥国・地域** インド
- **発祥年代** 不明
- **保存期間** 常温で2年以上（食材による）

AGRIFOOD 食材 野菜／果物

Zha Cai
ザーサイ

漬ける前のザーサイ。

漬け込んだザーサイ。
トウガラシの赤い色が食欲をそそる。

炒め物からおつまみまで使える
コブのような形の漬物

ア アブラナ科の野菜、カラシナの変種であるザーサイ（搾菜）。茎の根元がコブのように大きく肥大化するのが特徴で、そのコブを利用して作られる漬物もまたザーサイと呼ばれる。この漬物のザーサイが生まれたのは、宋代（10～13世紀）の中国・涪州（現・重慶市涪陵区）。その後、1930年頃から重慶の特産品として本格的に流通するようになったという。

収穫したザーサイのコブ部分を天日に干して塩漬けした後、絞って塩分を抜き、塩、トウガラシ、カホクザンショウ（花椒）、酒などと共に甕に押し込んで本漬けする。最初の塩漬けのみのタイプもあり、本漬けしたものは「四川ザーサイ」と呼ばれて区別される。

Data

- **分類** 塩漬け
- **主な食材** ザーサイの茎、塩、カホクザンショウ（花椒）、トウガラシ、酒など
- **発祥国・地域** 中国・重慶
- **発祥年代** 10～13世紀
- **保存期間** 密封して冷暗所または冷蔵庫で6カ月～2年

◎ どうやって食べる？ 漬け込んだザーサイは、水洗いした後、薄く切って水に数十分浸け、塩を抜いてから食べる。中国では中華がゆに欠かせない薬味として知られ、スープ、餃子、麺料理、炒め物の具材としても使われる。

（左）台湾の麺料理「ザーサイと豚肉のラーメン」。（右）スライスしてそのまま。

Kimchi
キムチ

さまざまな味が見事に調和した
朝鮮半島の国民食

ハクサイのキムチ「ペチュキムチ」。

AGRIFOOD
食材
ハクサイ など

ハクサイなどの野菜をさまざまな材料と一緒に漬け込んだキムチは、朝鮮半島を代表する国民食。その種類は200以上にも及び、辛味、甘味、酸味、うま味、塩辛さなどの味が見事に調和した風味が特徴だ。

伝統的な製法では、塩漬けしたハクサイにトウガラシ、魚介の塩辛「チョッカル」、塩、ニンニクのほか、果物や牛肉などさまざまな材料を混ぜ合わせた調味料「ヤンニョム」をまぶし、キムチつぼ「ハンアリ」に入れて本漬けする。この過程で乳酸発酵が進み、特有の複雑な風味が生まれる。

朝鮮半島では、晩秋に女性たちが集まって越冬用のキムチを大量に漬ける「キムジャン」が伝統行事となっている。

◉ どうやって食べる？

単独または焼肉などの付け合わせとして食べるほか、ラーメンの具材にすることも。また、時間が経って発酵が進み酸味が増したものは、漬け汁と一緒にチゲ（鍋）に入れるとコクが出て美味とされる。

(左)豆腐とキムチを使った鍋「スンドゥブ・チゲ」。(右)キムチつぼ「ハンアリ」。

Data

- **分類** 塩漬け・発酵
- **主な食材** ハクサイなどの野菜、トウガラシ、塩、魚介の塩辛、ニンニク、果物など
- **発祥国・地域** 朝鮮半島
- **発祥年代** 13世紀
- **保存期間**
密封容器に入れて冷蔵庫で1～2カ月

Salted Cherry
桜の塩漬け

AGRIFOOD 食材 サクラの花

塩の結晶と桜のピンクが美しい。

日本の春を凝縮しためでたい漬け物

桜の塩漬けは、よく洗ったサクラの花に塩をまぶし、梅酢に漬けて一晩ほど寝かせ、風通しのよい場所で陰干しにしたあと、そのサクラの花を容器に入れて塩を加えて保存した、少々手間のかかる一種の漬け物だ。

一般的な漬け物と違う点は、そのままでは食さないこと。サクラの花の淡いピンク色が残り、これをアクセントにする料理やお菓子に使う。アンパンにのっていることも。慶事の席では桜茶（桜湯）が出される。結納では「お茶を濁す」とか「茶々を入れる」などから、煎茶は使わずにこの桜の塩漬けを使った桜茶が「花開く」との縁起から用いられる（昆布茶もある）、特別にめでたい漬け物だ。

Data
■ 分類　塩漬け
■ 主な食材
サクラの花、塩
■ 発祥国・地域　日本
■ 旬（シーズン）　3〜5月
■ 保存期間
1年程度

どうやって食べる？

最も簡単に楽しむ方法は、慶事に欠かせない桜茶（桜湯）。味は塩湯だが、見た目は鮮やか。塩抜きをして、おにぎりに混ぜたり、手作りクッキーやパンにのせたり、使い方はいろいろ。

（左）桜茶は「花開く」縁起物。（右）桜の塩漬けをあしらった華やかなおにぎり。

Sauerkraut
ザワークラウト

高いビタミンC含有量を誇る
キャベツの漬物

ザワークラウトは保存中にも発酵が進むため、味が少しずつ変化する。

ドイツ語で「酸っぱいキャベツ」を意味する名前の通り、強い酸味が特徴。この酸味は空気中の乳酸菌などによる発酵で生じるもので、酢などは使わない。そのためビタミンCの含有量が高く、かつて長期の航海などでは貴重な栄養源となった。

1世紀に古代ローマで食べられていた記録があるが、現在のものは中国で生まれたキャベツの漬物が16～18世紀にヨーロッパに広まったものとされている。

基本的な作り方は、千切りキャベツを塩、ジュニパー、ディルシード、キャラウェイシードなどのスパイスと共に瓶や樽に入れて混ぜた後、重しをして常温で3～7日置くと食べ頃になる。

● どうやって食べる？

主に、ソーセージなどの肉料理の付け合わせとして用いられる。魚介類にもよく合い、スープや煮込み料理、炒め物にも使われる。

（左）ホットドッグの具材に。（右）ザワークラウトを白ワイン、ソーセージ、ベーコン、ジャガイモと煮込むフランス・アルザス地方の料理「シュークルート・ガルニ」。

Data

- **分類** 発酵
- **主な食材**
キャベツ、塩、スパイスなど
- **発祥国・地域** 中国
- **発祥年代** 不明
- **保存期間**
保存容器に入れて冷蔵庫で約2週間

AGRIFOOD 食材 キャベツ

Narazuke
奈良漬け

酒粕の風味が効いた
奈良生まれの漬物

酒粕を取り除いて薄切りにした奈良漬け。

奈良を発祥とする奈良漬けは、シロウリやキュウリ、スイカ、ショウガなどの野菜を塩漬けにした後、新しい酒粕に何度も漬け替えて作られる漬物の一種だ。

その起源は約1300年前の奈良時代にさかのぼる。時代が下り、室町時代に清酒造りが始まると、酒粕に野菜を漬け込んだ現在の奈良漬けの原型が生まれたという。

奈良漬は手間のかかる漬物で、風味よく、美しいべっこう色に仕上げるには、五回ほどの漬け替えを行う。

食べ方の定番は、うなぎの蒲焼きに奈良漬けの組み合わせだ。うなぎを食べた後の口中の油分を奈良漬が中和し、さっぱりとする効果があるとされる。

どうやって食べる？

周りの粕をぬぐい取り、小口に切って食べる。特に、脂っこさをさっぱりさせる効果があるとして、ウナギの蒲焼きとの組み合わせは定番となっている。また、細かく刻んでお茶漬けやおにぎりの具材などにも使う。

（左）酒粕が付いた状態の奈良漬け。（右）ウナギの蒲焼きには欠かせない。

Data

- **分類** 塩漬け・粕漬け
- **主な食材** シロウリ、スイカ、キュウリ、ショウガ、塩、酒粕
- **発祥国・地域** 日本・奈良
- **発祥年代** 7世紀
- **保存期間**
【開封前】冷蔵庫で約4カ月
【開封後】酒粕で包んで密封容器に入れ、冷蔵庫で約1週間

Dried Radish
切り干し大根

ダイコンの栄養素が凝縮された
日本の冬の風物詩

乾燥した状態の切り干し大根。

日本生まれの切り干し大根(千切り大根)は、秋の終わりから冬に収穫したダイコンを細切りにし、天日干しで乾燥させた乾物の一種だ。その起源ははっきりと分かっていないが、ダイコンが伝来した弥生時代にはすでにあったと考えられる。現在の主な生産地は宮崎県で、国内生産量の9割を占めている。

切り干し大根には、縦4つに割った「割り干し大根」、ゆでたダイコンを干した「ゆで干し大根」、寒風と氷点下の気候条件下で作る「凍み大根」や「寒干し大根」などがあり、いずれも寒さが厳しいほど良質な製品になるとされる。また、天日に干すことで甘味が増し、栄養価も高くなるため、健康食品としても活用されている。

どうやって食べる？

もみ洗いした後、水に浸けて戻し、しょうゆや酢をかけてそのまま食べるほか、戻し汁と共に煮物などにすることが多い。切り干し大根をしょうゆと酢の合わせ酢に漬けた、「はりはり漬け」も有名だ。

(左)ザルなどを使って干す。(右)ニンジン、油あげと一緒に煮るのが定番。

Data
- 分類　乾燥
- 主な食材　ダイコン
- 発祥国・地域　日本
- 発祥年代　弥生時代
- 保存期間
密閉容器に入れて冷暗所または冷蔵庫で6カ月〜1年

Nukazuke 08
ぬか漬け

毎日の手入れでおいしさが増す"育てる"漬物

ぬかが付いた状態の、ナス、ダイコン、キュウリのぬか漬け。

ぬか(糠)漬けとは、米ぬかを乳酸発酵させて作った「ぬか床」に食材を漬け込んだ漬物の一種で、江戸時代初期に生まれたとされている。

米ぬかに食塩水を加え、トウガラシやコンブと共につぼに詰めた後、野菜くずを毎日漬け替えることで乳酸菌を繁殖させてぬか床を作る。その後、実際に食材を漬けながら毎日手入れすることでさらに発酵が進み、よりおいしいぬか漬けができるようになる。

漬ける食材はキュウリやダイコンなどの野菜のほか、肉や魚、ゆで卵が使われることも。また、漬かり具合で「浅漬け」や「一夜漬け」、「古漬け」など呼び方も異なり、特に干しダイコンのぬか漬けは、「たくあん(沢庵)」と呼ばれる。

Data

- **分類** 発酵
- **主な食材** キュウリ、ナス、ダイコンなどの野菜、米ぬか、塩、トウガラシ、コンブなど
- **発祥国・地域** 日本
- **発祥年代** 江戸時代初期
- **保存期間** (ぬか床から取り出した後)ぬかを付けた状態で冷蔵庫で2〜3日

どうやって食べる？

周りのぬかを水で洗い落として軽く水気を絞り、食べやすい大きさに切ってから食べる。漬かり過ぎてしょっぱくなってしまった古漬けは、細かく刻んで炒め物の具材として使うこともできる。

(左)ご飯のおかずとしては定番。(右)さまざまなぬか漬けが並ぶ京都の市場。

*玄米を精白する際に出る、外皮や胚の粉。

Amazuzuke
ショウガの甘酢漬け

ショウガのピリッとした辛さと
甘酢のやさしさ

ガリとも呼ばれるショウガの甘酢漬け。

ショウガは野菜だが、同時に古くからの生薬でもある。中国やインドでは、紀元前5～6世紀には生薬として使われていた。ヨーロッパには紀元1世紀に伝わったが、当時のギリシャ人たちはもっぱら薬とした。日本では、2～3世紀に栽培が始まる。中世ヨーロッパでは、ショウガの価値はコショウに匹敵した。

ショウガの利用方法は香辛料が一般的だが甘酢に漬けたり、梅酢に漬けたり、砂糖漬けもある。このうち、甘酢漬けは寿司にはかかせない。なお、根ショウガと葉ショウガは、収穫の仕方(時期)が異なるだけで、植物としては同種だ。また、風邪の際に発汗を促したり、健胃止嘔作用があるとされる。

◉ どうやって食べる?

そのまま食べることが多く、食事の際の箸休めや酒の肴など。千切りの場合は、冷やし中華のトッピング、おにぎりやいなりずしに混ぜたりするなど、幅広い食材と相性がよい。

(左)できるだけ薄切りに、千切りでもよい。(右)葉ショウガの甘酢漬け。

Data

- **分類** 酢漬け
- **主な食材** ショウガ、砂糖、塩、酢
- **発祥国・地域** 日本
- **旬(シーズン)** 葉ショウガは初夏から真夏、根ショウガは秋
- **保存期間** 1週間程度

Pickled Olive
オリーブの塩漬け

（左）果実の熟し度合いによって色が異なり、風味や食感も微妙に違う。

ピメント（赤パプリカ）を詰めたタイプ。

数千年も前から食されている地中海地域のソウルフード

地中海沿岸を原産とするオリーブの歴史は古く、紀元前3000年頃にはすでにオリーブオイルが使われていたという。しかし、果実は渋味と苦味が強く生食には適さないため、食用にするには塩漬けが一般的な方法だ。伝統的な製法では、果実を樽に入れて塩水に浸し、染み出たアクを取り除きながら約半年かけてゆっくり渋抜きする。長期保存する場合は、塩水と一緒に瓶詰または缶詰にして冷暗所で保存する。

現在はさまざまな製法があり、ハーブやスパイスを加えたもの、パプリカやチーズ、アンチョビを詰めたものなど、味付けも多岐にわたる。今も昔も、生産地の食卓になくてはならない存在となっている。

Data

- **分類** 塩漬け
- **主な食材** オリーブの果実、塩
- **発祥国・地域** 地中海沿岸
- **発祥年代** 不明
- **保存期間**
【開封前】冷暗所で約3年
【開封後】果実を液体に浸し空気に触れない状態にして、冷蔵庫で約1カ月

 どうやって食べる？ 前菜やつまみとしてそのまま食べるほか、サラダやピザ、パスタ、ペースト、ソースの具材など、さまざまな使い方がある。

（左）トマトやキュウリ、赤タマネギ、フェタチーズなどと混ぜたギリシャの「グリークサラダ」。（右）さまざまな種類のオリーブが並ぶフランスの市場。

Umeboshi
梅干し

11

数百年経っても腐らない日本を代表する漬物

小粒の梅干しに鰹節をまぶしたカツオ梅。

伝統製法で作られた梅干しは塩辛く、酸味も強い。

中

国原産のウメが日本に伝わったのは古代にさかのぼり、平安時代に塩漬けの梅干しが作られるようになったとされる。戦国時代には戦場での傷の消毒や食中毒などの予防のほか、梅干しを見ることで唾液の分泌を促し脱水症状を防ぐなど、陣中食としても重宝されたという。江戸時代には赤シソで着色した梅干しが登場し、庶民の食卓に広まった。

伝統的な製法では、6〜7月に収穫した完熟ウメを約1カ月塩漬けにした後、数日間天日干し（土用干し）する。この塩のみで作られた梅干しは保存性に非常に優れており、最古のものではなんと安土桃山時代の1576年に漬けられた梅干しが現存している。

● どうやって食べる？

抗菌作用に優れていることから、古くからお弁当やおにぎりの具材として使われる。強い酸味が唾液の分泌を促し消化吸収を良くする効果もあり、便秘解消や酔い止めとして民間療法でも利用された。

（左）土用干しの様子。（右）お弁当に入れておくと、傷みにくいといわれている。

Data

- **分類** 塩漬け・乾燥
- **主な食材** 完熟ウメ、塩、赤シソ
- **発祥国・地域** 日本
- **発祥年代** 平安時代
- **保存期間** （伝統製法のもの）

保存容器に入れて冷暗所で数百年以上

Pickles
ピクルス

古代メソポタミアに端を発する古い歴史を持つ保存食

さまざまな食材を使ったピクルスが作られている。

ピクルスとは漬物全般を指す英語だが、日本では、塩漬けにした食材を酢、砂糖、塩、ハーブなどを合わせたピクルス液に漬け込んだ欧米風の漬物を指す。

作り方には、塩漬けした食材を酢に漬ける発酵させない方法と、食材を塩とスパイスに漬けて乳酸発酵させる方法があり、前者はキュウリのピクルス、後者はザワークラウトなどが有名だ。

紀元前2000年頃にメソポタミア南部(現イラク周辺)で生まれたとされ、当時はインドで収穫されたキュウリがチグリス川流域へ運ばれ、ピクルスとして食べられていたという。その後、ヨーロッパに伝わり、各地の食材が使われるようになった。

Data

- **分類** 塩漬け・酢漬け、発酵
- **主な食材** 野菜、酢、塩、砂糖、ハーブ、スパイスなど
- **発祥国・地域** イラク周辺
- **発祥年代** 紀元前20世紀頃
- **保存期間**
  【開封前】煮沸消毒した瓶に入れ、冷蔵庫で1週間〜4カ月
  【開封後】冷蔵庫で3日〜2週間

どうやって食べる？

アメリカでは「ガーキン」と呼ばれる小さなキュウリのピクルスが大半で、ハンバーガーやホットドッグの具材として使われる。フランスでは「コルニッション」と呼ばれ、パテと共に食べられる。

(左)ガーキンのピクルスを作る様子。(右)カラフルなズッキーニのピクルス。

Shoyuzuke
ニンニクのしょうゆ漬け

しょうゆに漬けた変幻自在の香辛料

皮をむいたニンニクをしょうゆに漬けるだけ。

ニンニクのしょうゆ漬けには、二つの用途がある。一つは、しょうゆに漬けたニンニクを香辛料として使う。もう一つは、ニンニクの香りが移ったニンニクしょうゆだ。

ニンニクのしょうゆ漬けは、ニンニクやショウガと同じように香辛料として、利用範囲がとても広い。炒め物やパスタ料理、特にしょうゆ味の料理には、当然ながら相性がよく、刺身の薬味にもなる。

エジプトでは紀元前3200年頃には栽培されていたが、日本に伝来したのは意外と新しく、ショウガよりも遅い8世紀頃。ニンニクの薬効ははっきりとはわかっていないが、古くから、新陳代謝を盛んにして、疲労回復や滋養強壮、強精作用があるとされている。

どうやって食べる？

ニンニクはすりおろしてカレーに入れたり、みじん切りにしてチャーハンや餃子に。ニンニクしょうゆはから揚げにと香辛料として万能。

（左）市販のニンニクは、長期保存が可能なように乾燥している。（右）しょうゆに1カ月以上漬け込むと、まろやかな味になる。

Data

- **分類** しょうゆ漬け
- **主な食材** ニンニク、しょうゆ
- **発祥国・地域** 日本
- **旬（シーズン）** 5〜7月頃
- **保存期間** 約1年

Pickled Caper
ケッパー

風味とうま味が詰まった
地中海料理の小さな名脇役

塩漬け前の
ケッパーの果実。

ケッパー（つぼみ）の塩漬け。
小粒のものほど良質とされる。

ケッパー（ケイパー）は、地中海沿岸からイラン高原、アフガニスタン一帯に自生するフウチョウソウ科の常緑小低木で、現在は主にフランス、イタリア、スペインなどで栽培されている。このケッパーのつぼみと果実には独特の風味と酸味があり、古くは古代ギリシャ時代から薬用やスパイスとして利用されてきた歴史を持つ。

花を付ける前に収穫したつぼみまたは果実を、およそ40日間ほど塩漬けにすることで乳酸発酵が進み、独特のうま味が生まれる。この塩漬けにしたものを酢漬けにしたピクルスタイプもあるが、どちらも単に「ケッパー」と呼ばれ、地中海料理に欠かせない存在となっている。

Data

- **分類** 塩漬け、酢漬け
- **主な食材**
ケッパーの果実・つぼみ、塩、酢
- **発祥国・地域** 地中海沿岸
- **発祥年代** 古代ギリシャ時代
- **保存期間**
【開封前】冷暗所で3〜10年
【開封後】果実を液体に浸し空気に触れない状態にして、冷凍庫で約1カ月

どうやって食べる？

サラダやパスタの具材、肉料理の付け合わせなどに使われるほか、スモークサーモンに欠かせない存在として知られる。細かく刻んでタルタルソースやホワイトソース、マヨネーズの風味付けにも利用される。

（左）サーモンソテーのソースに。（右）生肉の臭い消しとして付け合わせに。

Tapenade
タプナード

ブラックオリーブのタプナード（右）と
グリーンオリーブのタプナード（左）。

AGRIFOOD -食材- オリーブ

古代から食べられているオリーブのペースト

フランス南東部・プロヴァンス地方発祥のタプナードは、オリーブの果実を主材料とした、ペースト状の保存食だ。古代ローマ時代の文献にも似た料理が登場するなど、非常に古い歴史を持っており、1世紀に執筆されたレシピ本に初めてタプナードという名前が登場している。

伝統的な製法では主にブラックオリーブを使用し、みじん切りにしたブラックオリーブとケッパー（共に塩漬け）をすり鉢に入れ、オリーブオイルを加えてペースト状になるまで混ぜるだけ。現在では、そこにアンチョビやニンニク、ハーブ、レモン汁、ブランデーなどを加えることもあるほか、グリーンオリーブを使ったレシピもある。

● どうやって食べる？

クラッカーやバゲットのほか、生野菜や温野菜、ゆで卵などと一緒に前菜として食べるのが一般的。魚や肉のグリル料理のほか、パスタなどのソースとして使うこともある。

（左）バゲットにタプナードをのせたカナッペ。（右）グリルチキンのソースに。

Data

- **分類** 塩漬け・ペースト
- **主な食材** オリーブの果実（塩漬け）、ケッパー（塩漬け）、オリーブオイルなど
- **発祥国・地域** フランス・プロヴァンス地方
- **発祥年代** 1世紀
- **保存期間** 煮沸消毒した瓶に入れてオリーブオイルで表面を覆い、冷蔵庫で約2週間

Chutney
チャツネ

マンゴーチャツネ。通常は熟していない緑のマンゴーを使って作る。

組み合わせは多種多様　インド料理に欠かせない存在

ヒンディー語で「舐める」を意味する「チャートゥナー」に由来するチャツネ。野菜や果物にスパイスを加えて煮込んだり混ぜたりして作るジャムに似た保存食で、調味料やソースとして使われることが多い。その原型は紀元前500年頃にインドで生まれてから周辺国に広まったとされ、17世紀には高級品としてヨーロッパに輸出された。

材料をすり鉢ですりつぶしたものや、ヨーグルトとハーブを混ぜ合わせた非加熱タイプと、マンゴーチャツネのように柔らかく煮込んだ加熱タイプがあり、後者の方がより保存性が高い。地域や家庭によって食材や製法も異なり、味も甘いものから辛いものまで多種多様に存在する。

Data

- **分類**　ペースト、加熱濃縮
- **主な食材**　野菜、果物、ハーブ、ヨーグルト、スパイスなど
- **発祥国・地域**　インド
- **発祥年代**　紀元前5世紀頃
- **保存期間**　煮沸消毒した瓶に入れて冷蔵庫で2週間〜6カ月

どうやって食べる？

北インドではカレーなどに添えるほか、揚げ物の「サモサ」などのディップとして使われる。南インドでは軽食の「ティファン」や、定食の「ミールス」を食べる時の薬味として使われることが多い。

（左）インドの蒸しパン「イドリー」に添えて。（右）「サモサ」とミントチャツネ。

Chuño
チューニョ

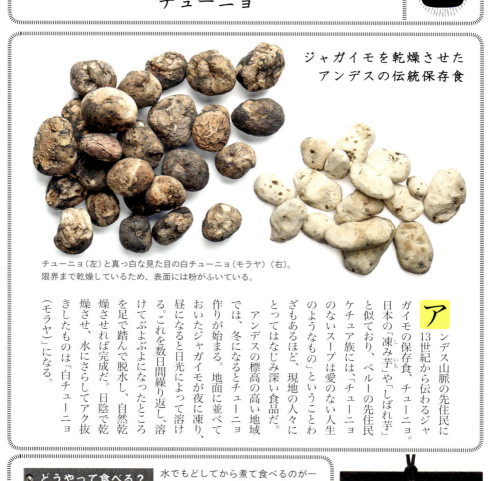

ジャガイモを乾燥させた
アンデスの伝統保存食

チューニョ（左）と真っ白な見た目の白チューニョ（モラヤ）（右）。
限界まで乾燥しているため、表面には粉がふいている。

アンデス山脈の先住民に13世紀から伝わるジャガイモの保存食、チューニョ。日本の「凍み芋」や「しばれ芋」と似ており、ペルーの先住民ケチュア族には「チューニョのないスープは愛のない人生のようなもの」ということわざもあるほど、現地の人々にとってはなじみ深い食品だ。

アンデスの標高の高い地域では、冬になるとチューニョ作りが始まる。地面に並べておいたジャガイモが夜に凍り、昼になると日光によって溶ける。これを数日間繰り返し、溶けてぶよぶよになったところを足で踏んで脱水し、自然乾燥させれば完成だ。日陰で乾燥させ、水にさらしてアク抜きしたものは「白チューニョ（モラヤ）」になる。

どうやって食べる？

水でもどしてから煮て食べるのが一般的で、スープや惣菜、デザート、粉に挽いて小麦粉のように使うなど、幅広い使い方がある。特に、チューニョを肉、野菜と共に煮込んだスープ「チャイロ」が有名。

（左）チューニョ作りの様子（写真：ostill / Shutterstock.com）。（右）チャイロ

Data

- **分類** 乾燥
- **主な食材** ジャガイモ
- **発祥国・地域** ボリビア・ペルーのアンデス山脈高地
- **発祥年代** 13世紀
- **保存期間** 乾燥した場所に置き、常温で数年〜10年

Compote
コンポート

果物の味を生かした優しい甘さが特徴の保存食

カリンによく似た果物、マルメロのコンポート。

中世ヨーロッパに起源を持つ、果実の保存食。その名前は「混合物」を意味するラテン語「compositus」に由来し、丸ごとまたはカットした果物を水や薄い砂糖水で煮て作る、ジャムに似た保存食だ。果肉がなくなるまで糖度を高くして煮詰めるジャムに対し、コンポートは果実自体の食感や風味が残るように糖度を低くして煮詰めるため、そのまま食べることができる。

特に、果実の甘味が少ない場合にコンポートにすることが多く、シナモン、バニラ、レモン、オレンジピールといったスパイス類を煮汁に加えることもある。15世紀初頭のレシピでは、煮汁にワインを加えて洋ナシを煮る方法が紹介されている。

● どうやって食べる？

朝食やデザートとしてそのまま食べるほか、ヨーグルトやアイスクリームのトッピング、製菓の材料、肉料理の付け合わせなどにも使う。

（左）柑橘類のコンポートにグラノーラ、ヨーグルト、ブルーベリーを合わせたパフェ。（右）チーズケーキにチェリーのコンポートをかけてソースに。

Data

- **分類** 加熱濃縮
- **主な食材** 果物、砂糖、スパイスなど
- **発祥国・地域** ヨーロッパ
- **発祥年代** 15世紀頃
- **保存期間** 煮沸消毒した密封容器に入れて冷蔵庫で約1週間、シロップごと密封して冷凍庫で約3週間

Preserved Lemon
プリザーブドレモン

レモンを塩漬けにしたモロッコ発祥の万能調味料

瓶に詰めたばかりの状態。

完成したプリザーブドレモン。

レモンを塩漬けにした保存食で、発祥地のモロッコをはじめ、北アフリカやトルコでは伝統的な調味料として使われている。市場では必ず売られているほど、ポピュラーな存在だ。近年は日本でも「塩レモン」として話題を呼んだが、イギリスやアメリカ、インドでは19世紀頃から知られていたようだ。

伝統的な作り方は非常にシンプルで、レモンに穴を開けたり十字に切り込みを入れたりした後、塩をもみ込みながら瓶に詰めて塩漬けにし、数週間〜数カ月間発酵させる。レモンそのものの酸味のほか、発酵させることによって生まれる酸味と塩味が混ざり合い、コクのある料理や香りの強い食材とよく合う調味料となる。

どうやって食べる？

スープやシチュー、タジン鍋のほか、サラダや蒸しポテト、クスクスなどの風味漬けとしても使われ、特に鶏肉とよく合うとされる。ピクルスのように薄切りにして、そのまま食べることもある。

（左）ローストチキンに添えて。（右）モロッコの市場に並ぶプリザーブドレモン。

Data

- **分類** 塩漬け・発酵
- **主な食材** レモン、塩、スパイスなど
- **発祥国・地域** モロッコ
- **発祥年代** 不明
- **保存期間** 煮沸消毒した瓶に入れ、冷暗所または冷蔵庫で約1年

Jam
ジャム

世界中で愛される果物の保存食の代表格

ジャムの大定番ともいえるストロベリージャム。

保存性に優れた身近な食品として、古来より作られてきたジャム。果物や野菜などに、その重量比10%～同量程度の砂糖やハチミツを加えて煮詰めた保存食で、菌の繁殖に必要な水分を、砂糖が抱え込むことで腐敗が遅れるという性質を利用している。

その歴史は非常に古く、スペインでは旧石器時代に果物をハチミツで煮たものが食べられていたという。16世紀にはキリスト教の宣教師によって日本にも伝わった。

ジャムに使われる果物は多く、フランスではプルーンの一種のレーヌクロードやウリに似たシートル、ロシアではグースベリーやルバーブなどがある。カボチャやパプリカなどの野菜からも作られる。

Data

- **分類** 加熱濃縮
- **主な食材** 果物、野菜、砂糖、ハチミツなど
- **発祥国・地域** スペイン
- **発祥年代** 旧石器時代
- **保存期間**
【開封前】煮沸消毒した瓶に入れて密閉し、常温で1～2年
【開封後】冷蔵庫に入れて2～3週間

どうやって食べる？

甘味が非常に強いため、単体ではなくパンやクラッカーなどに塗って食べるのが一般的。このほかにも、サンドイッチの具、ヨーグルトやチーズのソース、ケーキの材料などにも利用される。

(左)ジャムを煮詰める様子。(右)さまざまな種類のジャムが存在する。

Marron Glacé
マロングラッセ

クリの風味がよく、贈答用の菓子としても人気だ。

クリを砂糖漬けにした高級菓子

クリを砂糖漬けにした菓子で、15世紀初頭、クリの産地であるイタリア北部のピエモンテ州周辺で生まれた。その後、16世紀に現在のようなツヤのあるマロングラッセが作られるようになり、17世紀終わりにフランスで初めてレシピとして紹介された。

マロングラッセは、柔らかく煮たクリの渋皮をていねいにむき、砂糖のシロップで数日間煮詰めてツヤを出し、その後さらに乾燥させて作られる。この手間がかかる製法のために、当初は非常に高価な菓子としてあまり注目されなかった。しかし、20世紀に入ると、口中で崩れる独特の食感や上品な甘味が評価されるようになり、世界中に広まっていった。

どうやって食べる？

そのまま食べるほか、「モンブラン」などのケーキのトッピングやアイスクリーム、ソースなど、さまざまなデザートの材料として使われる。

（左）シロップで煮詰めた後、網の上に並べ数時間乾燥させると完成。（右）崩れたマロングラッセはペースト状にして、スポンジケーキにのせてアレンジ。

Data

- **分類** 砂糖漬け
- **主な食材** クリ、砂糖
- **発祥国・地域** イタリア北部～フランス南部
- **発祥年代** 15世紀
- **保存期間** アルミホイルで1個ずつ包み、冷蔵庫で1～2カ月、冷凍庫で3～6カ月

AGRIFOOD 食材 クリ

Dried Persimmon
干し柿

渋柿を利用したアジア伝統のドライフルーツ

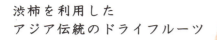

中華圏の干し柿「柿餅（シービン）」。表面の白い粉は糖分が結晶化したもので、かつては砂糖の代用や生薬として利用した。

日本の干し柿。ヘタにひもをかけて吊るすため、細長い形になる。

渋柿は、日本や中国、台湾、朝鮮半島、ベトナムなどでも作られている保存食。起源は中国で、6世紀にはすでに干し柿が作られており、日本では平安時代の文献にその存在が確認できる。日本では柿の皮をむいた後、ヘタにひもをかけて軒下などに吊るして乾燥させるが、中国ではカゴに並べて天日干しにすることが多いため円盤状になり、「柿餅（ビン）」と呼ばれる。

材料となる渋柿の糖度は砂糖の約1.5倍ともいわれ、甘柿よりはるかに高いが、渋味が強くそのままでは食べられない。しかし乾燥させることで可溶性のタンニンが不溶性に変わって渋味が消え、本来の甘味が引き出される。

Data

- **分類** 乾燥
- **主な食材** 渋柿
- **発祥国・地域** 中国
- **発祥年代** 6世紀頃
- **保存期間**
  1個ずつ紙袋などで包み冷暗所で約1週間、またはラップで包み密封容器に入れて冷凍庫で約1カ月

どうやって食べる？

果肉が柔らかいうちに、お茶請けなどとしてそのまま食べるのが一般的。時間が経って硬くなってしまったものは、日本酒、焼酎、ブランデーなどに漬けておくと柔らかくなって食べやすくなる。

（左）日本の干し柿作りの様子。（右）中国の干し柿（柿餅）作りの様子。

ナッツの種類と特徴

古くから食べられてきた保存食のひとつであるナッツ。不飽和脂肪酸をはじめ、さまざまな栄養素を含んでおり、近年はスーパーフードとしても注目されています。ここでは、世界の代表的なナッツをその特徴と共に紹介します。

アーモンド

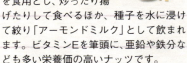

アジア西南部原産の落葉高木の種子。主に仁(じん)を食用とし、炒ったり揚げたりして食べるほか、種子を水に浸けて絞り「アーモンドミルク」として飲まれます。ビタミンEを筆頭に、亜鉛や鉄分なども多い栄養価の高いナッツです。

カシューナッツ

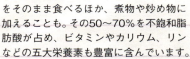

中南米原産の常緑高木であるカシューの種子。塩で味付けしたものをそのまま食べるほか、煮物や炒め物に加えることも。その50〜70%を不飽和脂肪酸が占め、ビタミンやカリウム、リンなどの五大栄養素も豊富に含んでいます。

クルミ

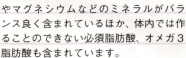

ヨーロッパ南西部〜アジア西部原産の落葉高木の種子。ビタミンやマグネシウムなどのミネラルがバランス良く含まれているほか、体内では作ることのできない必須脂肪酸、オメガ3脂肪酸も含まれています。

ピスタチオ

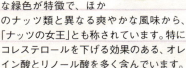

地中海沿岸原産の落葉高木の種子。鮮やかな緑色が特徴で、ほかのナッツ類と異なる爽やかな風味から、「ナッツの女王」とも称されています。特にコレステロールを下げる効果のある、オレイン酸とリノール酸を多く含んでいます。

ピーカン(ペカン)ナッツ

北アメリカ南東部原産の落葉高木の種子。クルミに似た味で苦味が少なく、生または炒って食べるほか、炒め物や菓子の材料としても使います。ナッツ類のなかでも脂肪の割合が高いことで知られ、全体の約72%を脂質が占めています。

ヘーゼルナッツ

ヨーロッパ〜地中海沿岸原産の落葉低木である、セイヨウハシバミの種子。炒ってそのまま食べられますが、チョコレートとの相性が良いことから、主に菓子の材料として使います。また、ナッツ類のなかで葉酸を最も多く含んでいます。

マカダミアナッツ

オーストラリア原産の常緑樹である、マカダミアの種子。ややしっとりとした食感が特徴で、チョコレートで包んだり、菓子の材料に多く使います。脂質にはコレステロールをまったく含まず、不飽和脂肪酸が豊富な点も特徴です。

松の実

イタリアカサマツやチョウセンゴヨウなど、食用に適した大型種子を形成するマツの種子。炒ったり揚げたりしてそのまま、または料理に加えて食べます。タンパク質や不飽和脂肪酸、マグネシウムや亜鉛が豊富で、漢方薬としても使います。

Marmalade
マーマレード

果皮の苦味がアクセントになった柑橘類のジャム

オレンジマーマレード。

マーマレードとは、オレンジなどの柑橘類の果実と果皮を、砂糖と共に煮詰めたゼリー状になるまで煮詰めたジャムの一種。果皮、果汁、砂糖を煮詰め、ペクチンの作用でゲル化するまでかき混ぜながら煮詰めて作る。ほかのジャムとは異なり、果皮の持つわずかな苦味が特徴だ。

その名前は、「マルメロ（カリンに似た果物）のジャム」を意味するポルトガル語「マルメラーダ (marmelada)」が語源とされており、現在のように柑橘類が使われ始めたのは、17世紀のイギリスだと考えられている。特にスコットランドの都市ダンディーで作られる、スペイン産のセビリアオレンジを使ったマーマレードは名産品として有名だ。

Data

■ **分類** 加熱濃縮
■ **主な食材** 柑橘類の果実・果皮・果汁、砂糖
■ **発祥国・地域** イギリス
■ **発祥年代** 17世紀
■ **保存期間**
【開封前】煮沸消毒した瓶に入れて密封し、常温で1〜2年
【開封後】冷蔵庫に入れて約1カ月

どうやって食べる？

イギリスでは、バターと共にトーストに塗って朝食に食べることが多い。スペアリブやポークソテー、ローストチキンなど、肉料理のソースに加えたり、菓子作りにも使ったりする。

（左）バターと一緒にパンに塗って。（右）グレープフルーツのマーマレード。

Dates
デーツ

古来から食されてきた栄養価満点のドライフルーツ

乾燥デーツ。直径2〜3cm、長さ3〜7cmの楕円球型をしている。

ペルシャ湾沿岸の砂漠地帯が原産とされるナツメヤシ。その果実であるデーツは、中東諸国や北アフリカにおいては重要な食料として、古くから栽培されてきた。歴史は非常に古く、メソポタミアや古代エジプトでは紀元前6000年から栽培が行われていたという。

日本でデーツというと、果実を乾燥させたものを指すことが多い。乾燥デーツは干し柿に例えられる濃厚な甘味が特徴だが、低カロリーで栄養豊富なため、近年はダイエット食品としても注目されている。アラビア語で緑色のものは「キムリ」、完熟したものは「タムル」など、果実の熟し具合に応じて17もの名称で呼び分けられている。

どうやって食べる？

熟して柔らかくなったものや乾燥デーツは、紅茶などのお茶請けとしてそのまま食べる。ジャムやゼリー、ジュース、焼き菓子などに加工されるほか、発酵させて酒や酢にすることもある。

(左)ナツメヤシの木にたわわに実ったデーツ。(右)市場に並ぶ乾燥デーツ。

Data

- **分類** 乾燥
- **主な食材** デーツ、砂糖など
- **発祥国・地域** イラク、エジプトなど
- **発祥年代** 紀元前60世紀
- **保存期間** 冷暗所で約3カ月

Kaya
カヤジャム

東南アジアで広く愛される
ココナッツミルクと卵のジャム

パンダンリーフを少なめにすると、黄色いジャムになる。

単に「カヤ」とも呼ばれるカヤジャムは、マレー語で「豊かな」という意味の名前を持つジャムの一種。発祥国のマレーシアをはじめ、東南アジアでは朝食やおやつとして広く親しまれている。

ココナッツミルク、卵、砂糖を煮詰めて作り、煮詰める時間のほか、色付けや香り付けに加えるパンダンリーフというハーブの量によって黄や茶、緑など色が異なる。そのビビッドな見た目とは裏腹に、ココナッツミルクのまろやかな甘味とコクを感じる優しい味わいが特徴で、一度食べたらクセになる人も多い。

家庭でも手作りできるが、現地ではスーパーなどで多くの種類が瓶詰で売られており、おみやげの定番になっている。

Data

- **分類** 加熱濃縮
- **主な食材** ココナッツミルク、卵、砂糖、パンダンリーフ
- **発祥国・地域** マレーシア
- **発祥年代** 19世紀頃
- **保存期間**
【開封前】密封容器に入れて、冷暗所で約1年
【開封後】冷蔵庫で約1週間

どうやって食べる？

現地のカフェでは、トーストにカヤジャムとバターをたっぷり挟んだ「カヤトースト」と、練乳入りの甘いコーヒー「カピ」、半熟卵のセットが朝食の定番メニュー。専門店も数多くあり、観光客にも人気だ。

(左)カヤトースト。(右)パンダンリーフの量や煮詰める時間により色が変わる。

Raisin
レーズン

鮮やかな黄緑色と甘酸っぱい風味が特徴の「グリーンレーズン」。

明るい茶色と優しく上品な風味が特徴の「サルタナ」。

小粒で甘味が強く、ケーキやパンに加えられる「カレンツ」。

ブドウのうま味と栄養が詰まったドライフルーツの代表格

中 近東を原産とするブドウの栽培は、約5000年前に始まったとされる。果実を乾燥させた保存食であるレーズン(干しブドウ)も、同じ時期から食べられていたと考えられる。その後、フェニキア商人の交易によって古代ギリシャや古代ローマに渡ると、瞬く間に人気となって価格が高騰し、薬用としても珍重されたほか、カルタゴの英雄ハンニバルも、行軍の際の食料としてレーズンを食べていたという逸話もある。

レーズンは、原料となるブドウによって緑、黒、青、紫などの種類があり、代表的なものとしては、アメリカの「サルタナ(トムソン・シードレス)」や、ギリシャの「カレンツ(カラント)」などがある。

● どうやって食べる？

スナックとしてそのまま食べる以外に、パンや菓子の材料、サラダやピラフ、カレーの具材に使うこともある。レーズンをラム酒に浸した「ラムレーズン」や、バターに練り込んだ「レーズンバター」などもある。
(左)レーズンクッキー。(右)ギリシャ・サントリーニ島のレーズンの乾燥風景。

Data
- 分類　乾燥
- 主な食材　ブドウ
- 発祥国・地域　中近東
- 発祥年代　約5000年前
- 保存期間
密封容器に入れて冷蔵庫で約3カ月、冷凍庫で約6カ月

＊チュニジア周辺にあった古代都市国家カルタゴの名将で、生涯ローマと戦い続けた。第二次ポエニ戦争を開始したとされる(前247〜前183／182年)。

Mincemeat
ミンスミート

AGRIFOOD
食材
ドライフルーツ

27

ねっちりとした食感、
濃厚な甘味、複雑な香りが特徴。

クリスマスに欠かせない
イギリス伝統の保存食

ミンスミートとは、英語で「細かく切り刻んだもの、ひき肉」という意味。名前の通り、かつては牛ひき肉などにドライフルーツやスパイスを加えて作っていた。時代とともに肉を使わなくなり、現在は主にレーズンなどのドライフルーツ、リンゴやナッツ、脂肪などを細かく刻み、オレンジやレモンの果汁と果皮、スパイス、砂糖、ブランデーやラム酒を加えて煮込んだ後、数日〜数カ月寝かせて熟成させて作る。

起源は13世紀、十字軍が中東から持ち帰ったレシピが原型だとされる。このミンスミートをパイ生地で包んで焼く「ミンスパイ」が、クリスマスを祝う菓子として英語圏で広く親しまれている。

Data

- **分類** 乾燥・加熱濃縮
- **主な食材** ドライフルーツ、リンゴ、ナッツ、牛脂、オレンジ、レモン、スパイス、砂糖、ブランデー、ラム酒など
- **発祥国・地域** イギリス
- **発祥年代** 13世紀
- **保存期間** 煮沸消毒した瓶に入れ、密閉して冷暗所で約1年

どうやって食べる？

イギリスやアメリカでは10〜11月になるとミンスミートを作って熟成させ、クリスマスのミンスパイの詰め物にする。ケーキなどの具材、アイスクリームなどのトッピング、ジャムとしても使われる。

（左）ひと口サイズのミンスパイ。（右）ミンスパイ作りの様子。

Japanese Pepper
実山椒

緑が美しい実山椒。

独特の風味を楽しめる料理の引き立て役

山椒は、日本の代表的香辛料の一つ。分布域は意外なほど狭く、北海道から屋久島までと朝鮮半島南部、中国の近縁種は、香りが大きく異なる。

実山椒は6月から7月にかけて収穫される。

保存するには、塩漬けやしょうゆ漬けにする。約10日間寝かせた後、冷蔵庫だと一週間ほど保存できる。このほかの方法として、塩ゆでとアク抜きをしたあとに十分に水気を拭きとり、フリーザーバックで冷凍することもできる。塩漬けやしょうゆ漬けも、水分を完全に取り除けば冷凍が可能。

塩漬けした実山椒は塩辛いようならば塩抜きをして、魚の煮つけなどに利用されることも多い。

● どうやって食べる？

塩漬けやしょうゆ漬けをそのまま食べるのではなく、主に薬味、香辛料として使われ、味や香りのアクセントとして利用されることが多い。佃煮にする場合も昆布などと合わせられる。

（左）ごはんにぴったりのちりめん山椒。（右）実山椒を使ったアユの煮つけ。

Data

- **分類** 冷凍、塩漬け、しょうゆ漬け
- **主な食材** サンショウの実、塩
- **発祥国・地域** 日本
- **旬（シーズン）** 6〜7月
- **保存期間** 下ゆでしたのち、冷凍庫で3〜4カ月、塩漬けやしょうゆ漬けも冷凍可能

Freeze-dried Tofu
高野豆腐

29

豆腐の風味と栄養が凝縮された
日本の伝統保存食

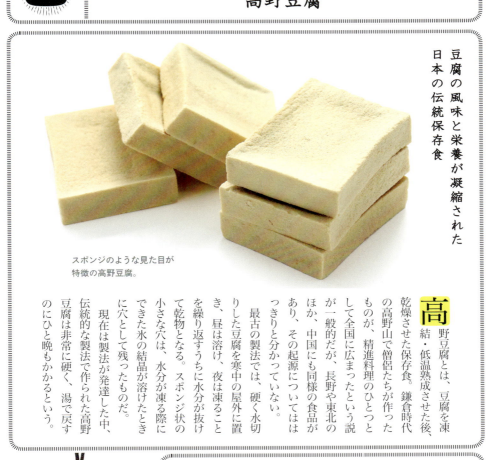

スポンジのような見た目が特徴の高野豆腐。

高野豆腐とは、豆腐を凍結・低温熟成させた後、乾燥させた保存食。鎌倉時代の高野山で僧侶たちが作ったものが、精進料理のひとつとして全国に広まったという説が一般的だが、長野や東北のほか、中国にも同様の食品があり、その起源についてはっきりと分かっていない。

最古の製法では、硬く水切りした豆腐を寒中の屋外に置き、昼は溶け、夜は凍ることを繰り返すうちに水分が抜けて乾物となる。スポンジ状の小さな穴は、水分が凍る際にできた氷の結晶が溶けたときに穴として残ったものだ。

現在は製法が発達した中、伝統的な製法で作られた高野豆腐は非常に硬く、湯で戻すのにひと晩もかかるという。

Data

- **分類** 乾燥
- **主な食材** 豆腐
- **発祥国・地域** 日本、中国
- **発祥年代** 不明
- **保存期間** 密封容器に入れて冷暗所で約6カ月

どうやって食べる？

熱湯に浸し、湯戻ししてから調理するのが一般的だが、近年は湯戻しを必要としない製品も多い。湯戻しした高野豆腐は、ダシ汁やしょうゆと煮る「含め煮」のほか、フレンチトーストなどにも応用できる。

(左)高野豆腐の含め煮。(右)軒下に吊るして凍結・乾燥させている様子。

Mochi / Rice Cake
餅

お正月に欠かせない日本の伝統保存食

つき餅を乾燥させてから焼いた「焼き餅」。

蒸したもち米を臼と杵でつき、粘り気が出るまでついて成型し、乾燥させた、お米の保存食。粒状の米を蒸して杵でついた「つき餅」と、穀物の粉に湯を加えて練った後に蒸した「練り餅」の2種類に大別され、日本で「餅」といえばつき餅を指し、中華圏では練り餅を指す場合が多い。「よもぎ餅」、「豆餅」、「海老餅」など、さまざまな材料を混ぜたものもある。

起源ははっきり分かっていないが、日本には縄文時代後期に、稲作と共に中国や朝鮮半島から伝わったと考えられている。その後、稲作信仰と結び付いて米を使った餅は縁起の良い食べ物となり、正月などの「ハレの日」には欠かせない存在となった。

● どうやって食べる？

日本では年末に餅を作り、正月に雑煮やぜんざいにして食べるのが恒例。つきたての餅は、きな粉や砂糖、しょうゆなどを付けてそのまま食べ、乾燥させた餅は、焼く・煮る・揚げるなど加熱して食べる。

（左）各地にさまざまな種類がある雑煮。（中）餅つきの様子。（右）関東のぜんざい。

Data

- **分類** 乾燥
- **主な食材**
もち米、うるち米など
- **発祥国・地域**
東アジア、東南アジア
- **発祥年代** 不明
- **保存期間** （手作りのつき餅）
ワサビなどと一緒に密閉容器に入れて冷蔵庫で約1週間、ラップで包み冷凍庫で1〜2カ月

Lahpetso
ラペソー

31

AGRIFOOD -食材- 茶葉

「食べるお茶」と呼ばれるミャンマーの伝統食品

ラペソー専用の皿。中央に塩味のラペソーを盛り、周囲に数種類の具材を盛り付けて一緒に食べる。

ビルマ語で「湿ったお茶」を意味するラペソーは、茶葉を発酵させたミャンマーの伝統的な保存食。摘んだ茶葉を蒸す、またはゆでる、よくもんで竹筒やつぼなどにぎっしり詰め込んでから重石をし、2週間～1年ほど漬け込んで発酵させた漬物の一種で、「食べるお茶」とも呼ばれている。

乳酸発酵による酸味とうま味、茶葉の爽やかさが特徴で、専用の盛り付け皿や専門店もあるほど、ミャンマーの人々に昔から親しまれている存在だ。現地では、来客時のお茶請けや誕生祝い、冠婚葬祭などの供え物としても用いられるほか、裁判の和解の印として互いにラペソーを食べ合う風習もあるという。

Data

- ■ 分類　発酵
- ■ 主な食材　茶葉
- ■ 発祥国・地域　ミャンマー
- ■ 発祥年代　不明
- ■ 保存期間
密封容器に入れて冷暗所で2週間～1年

 どうやって食べる？
水にさらすなどして苦味を抜き、塩、ココナッツ油やゴマ油と混ぜて食べる。ピーナッツや揚げニンニク、豆、干しエビ、ゴマなどと混ぜた「ラペット」は、お茶請けやサラダの具材として使う。

（左）「ラペット」と生野菜を和えたサラダ。（右）市場で売られるラペソー。

保存食図鑑　　　　　　　　Chapter 2

魚介の保存食
SEAFOOD

多種多様な海の恵み。
その恵みを保存しようと工夫を重ね、
素材を超えた美味を生み出した。

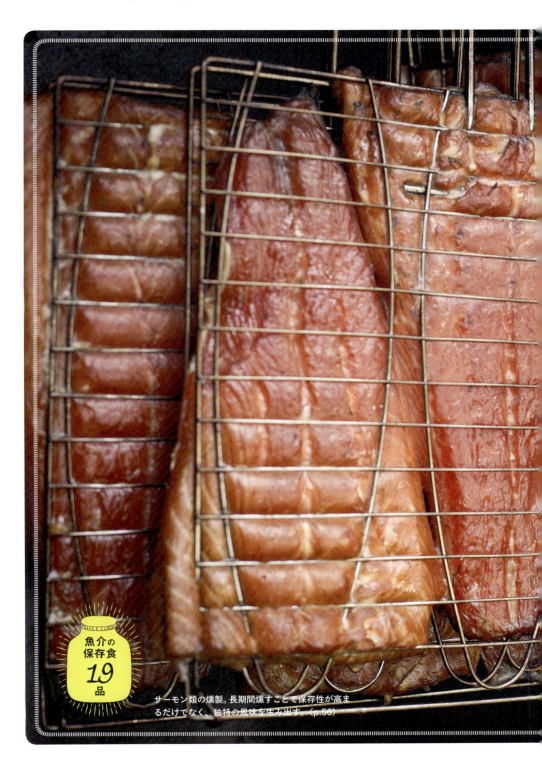

サーモン類の燻製。長期間燻すことで保存性が高まるだけでなく、独特の風味を生み出す。(p.56)

魚介の保存食 19品

Oiled Sardine
オイルサーディン

日本初の缶詰にも採用された イワシの油漬け

缶詰タイプのオイルサーディンは、そのままオーブンなどで加熱して調理することもできる。

ニシン科のうち、マイワシ類などの小魚を総称した英語である「サーディン」。オイルサーディンとは名前の通り、このサーディンを油漬けにした保存食で、日本初の缶詰もこのオイルサーディンだった。

と名高い缶詰「キングオスカー」を擁するノルウェーをはじめ、世界各地で作られており、頭と内臓を抜いたサーディンを塩水に漬けた後、スパイスと一緒に弱火で油煮して滅菌する。なお、よく似た保存食のアンチョビがカタクチイワシを塩漬けにした非加熱の発酵食なのに対し、サーディンを油漬けにして加熱したものがオイルサーディンで、味はアンチョビよりマイルドなので、単品でも食べられる。

● どうやって食べる？

クラッカーやバゲットにのせ、レモン汁などを絞って前菜やつまみとしてそのまま食べるのが一般的。サラダやパスタの具材にもなる。

（左）ノルウェー「キングオスカー」の缶詰（写真：Costi Iosif / Shutterstock.com）。（右）オリーブ、パセリと一緒にクラッカーにのせて前菜に。

Data

■ 分類　油漬け
■ 主な食材
サーディン、油、スパイス
■ 発祥国・地域
ヨーロッパ、トルコなど
■ 旬（シーズン）　6～10月
■ 保存期間（缶詰）
【開封前】常温で約3年
【開封後】密閉容器に移して冷蔵庫で約1週間

SEAFOOD
-食材-
イワシ

Anchovy
アンチョビ

イワシのうま味が詰まった地中海料理の名脇役

うま味成分が強く塩辛いため、調味料や隠し味として使うことが多い。

アンチョビとは、カタクチイワシ科の小魚を総称した英語名だが、日本ではカタクチイワシを塩漬けにした塩蔵品を指すことが多い。その起源は古代ローマ時代の調味料(魚醤)「ガルム」だといわれ、現在はイタリアやスペイン、モロッコなどの地中海沿岸で生産されている。

カタクチイワシを三枚におろして内臓を取り除いた後、半年以上塩漬けにして冷暗所で熟成・発酵させた発酵食品で、最後にオリーブオイルを加えて缶詰や瓶詰にする。缶詰には三枚におろしたものをそのまま並べたフィレタイプと、ケッパーを芯にして渦巻状に巻いたロールタイプがあり、このほかにペースト状にしたチューブタイプもある。

Data

■ 分類
塩漬け・発酵・油漬け

■ 主な食材　カタクチイワシ、塩、オリーブオイル

■ 発祥国・地域　イタリア

■ 旬(シーズン)　通年

■ 保存期間
【開封前】常温で約3年
【開封後】密封容器に入れて冷蔵庫で1〜2カ月

どうやって食べる？

生産地ではそのまま、またはペースト状にして食べる。サンドイッチやカナッペの具材、ピザやパスタの味付けに用いるほか、ウスターソースやバーニャカウダソースなど、ソースの材料としても多用される。
(左)アンチョビピザ。(右)アンチョビ、オリーブ、ケッパーのパスタ。

Oyster Oil Pickled
カキのオイル漬け

海のミルク「カキ」を使った濃厚な味の逸品

ローリエの葉を加えたカキのオイル漬け。

カキ(牡蠣)のオイル漬けの作り方(レシピ)はいろいろあるが、基本的にはカキをよく洗い、加熱処理したあと粗熱をとり、ニンニクやタカノツメを入れたオイルに漬け込む。そのオイルもあっさりとしたサラダオイルや個性の強いオリーブオイルなど、多種多様だ。

オイルに漬ける期間は、冷蔵庫内で数日から1カ月といろいろ。当然、香りや味にも変化がある。カキを漬けたオイルもパスタを炒めるなど利用できる。

カキには生食用と加熱用があるが、オイル漬けには減菌洗浄される生食用が適している。なお、カキの加熱用と生食用は、鮮度の違いではなく、獲れた海域の違いによる。

SEAFOOD
食材 — カキ

● どうやって食べる?

そのままはもちろん、パスタ、炊き込みご飯、チャーハンなどの具として。カキのオイル漬けを使ったパスタは白ワインとの相性がよい。そのままの場合は、酒の肴に最高。バゲットにのせるのもおすすめ。

(左)バゲットにのせて。(右)生食用のカキのほうが向いている。

Data

- **分類** オイル漬け
- **主な食材** カキ(牡蠣)、オイル、ニンニク
- **発祥国・地域** 不明
- **旬(シーズン)** 種類により異なる
- **保存期間** 調理方法・管理方法による

Caviar
キャビア

「黒いダイヤ」と称される高級珍味

キャビアを食べる際は金属の臭いが移るため、金以外の金属製のスプーンは使わない方がよいとされる。

キャビアとは、チョウザメの卵を塩漬けにした保存食。その歴史は16世紀にカスピ海沿岸で始まったとされ、19世紀中頃には西ヨーロッパに輸出されると、高級珍味として上流階級の間で食されるようになった。その後、長期保存が可能な瓶詰製品が登場すると世界中に広まったが、乱獲や気候変動などによってカスピ海に生息するチョウザメが激減し、価格が高騰した。現在は世界各地で養殖が可能になったが、カスピ海産の、特にロシア産キャビアは最高級品として今なお有名だ。また、チョウザメの種類により卵の大きさや価値が異なるほか、長期保存用に塩分濃度が高い輸出品よりも、原産国用の製品の方が美味とされる。

Data
- **分類** 塩漬け
- **主な食材** チョウザメの卵、塩
- **発祥国・地域** カスピ海沿岸
- **旬（シーズン）** 4〜6月
- **保存期間** 【開封前】（瓶詰・低温殺菌）冷蔵庫で約1年半、（缶詰・低温殺菌）冷蔵庫で約1年、（缶詰・非加熱）冷蔵庫で約1カ月 【開封後】冷蔵庫で3〜5日

どうやって食べる？

主に前菜として食べるほか、ロシアでは酢に漬けてマリネにするほか、炒めることもある。なお、卵の大きい順からマイルドな味の「ベルーガ」、ナッツに似た味の「オシェトラ」、独特な風味の「セヴルーガ」。

（左）クラッカーにクリームチーズとキャビアをのせて前菜に。（右）チョウザメ。

Kanroni
魚の甘露煮

05

砂糖と水飴によって保存性を高め、照りで食欲をそそる

身欠きニシンの甘露煮をのせたにしんそば。

SEAFOOD
食材・魚

魚を素焼きにした後、しょうゆ、みりん、多めの砂糖や水飴を加えて、骨がやわらかくなるまで煮詰めたもの。仕上げに水飴などをさらに追加して、甘味と照りが出るように調理する。

汽水・海水に棲むハゼや海水魚のニシンやイワシ、淡水魚では、アユ、コイ、フナ、ニジマス、ワカサギ、ヤマメ、アマゴ、イワナ、モツゴなどが使われる。

佃煮と同様に保存食として利用され、冷蔵庫などの保存設備がない時代でも季節や調理方法にもよるが1ヵ月ほど保存できたという。

現在、市販されている滅菌・真空パックの甘露煮は60日ほどの賞味期限とされていることが多い。

どうやって食べる?

有名な料理はにしんそばで、身欠きニシンの甘露煮を、かけそばにのせたもの。北海道と京都に多く、そばつゆは北海道が関東風、京都は関西風。北海道では200年以上の歴史があるとされる。

(左)甘露煮は川魚も美味。写真はアマゴ。(右)ワカサギの甘露煮。

Data

- **分類** 加熱・加糖
- **主な食材** 川魚、海水魚ではニシン
- **発祥国・地域** 日本
- **旬(シーズン)** しょうゆ、各魚の漁期(アユは6〜10月)
- **保存期間** 手作りの場合は目安として冷蔵保存で1週間

Escabeche
エスカベッシュ

アラビア料理に起源を持つスペイン版南蛮漬け

マリネ液には野菜を加えても美味。

スペイン料理のエスカベッシュ（エスカベチェ）は、酢などを使った酸性液に食材を浸す「マリネ」という製法を用いた料理のひとつである。その名前は、甘酸っぱいソースで肉を煮込んだアラビア料理「アルシュクバス（al-sikbaj）」に由来しており、8世紀にイスラム勢力がイベリア半島を征服した際に伝わったと考えられている。

現在はポルトガルやフランス、中南米、アジア太平洋地域などで食されており、日本では「南蛮漬け」として知られている。スペインでは、魚のほかに鶏肉やウサギ肉、豚肉などを素揚げするかゆでた後、酢や柑橘類の果汁を使ったマリネ液に浸し、冷蔵庫でひと晩以上寝かせて作る。

Data
- **分類** 酢漬け
- **主な食材** 魚、肉、野菜、果物、酢など
- **発祥国・地域** スペイン
- **旬（シーズン）** 食材による
- **保存期間** 保存容器に入れて冷蔵庫で4〜5日間、小分けにして冷凍庫で約2週間

どうやって食べる？
主に前菜として食される。スペインでは具材に魚の缶詰や瓶詰めも利用するほか、中南米ではキャッサバやバナナ、トウガラシを使うことも。ジャマイカでは「エスコビッチ」と呼ばれ、伝統的な朝食となっている。

（左）南米の川魚「ドラド」のエスカベッシュ。（右）ムール貝のエスカベッシュ。

Katsuobushi
鰹節

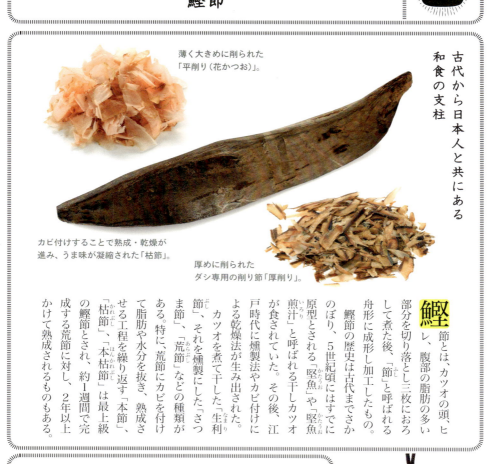

薄く大きめに削られた「平削り(花かつお)」。

カビ付けすることで熟成・乾燥が進み、うま味が凝縮された「枯節」。

厚めに削られたダシ専用の削り節「厚削り」。

古代から日本人と共にある和食の支柱

鰹節とは、カツオの頭、ヒレ、腹部の脂肪の多い部分を切り落とし三枚におろして煮た後、「節」と呼ばれる舟形に成形し加工したもの。鰹節の歴史は古代までさかのぼり、5世紀頃にはすでに原型とされる「堅魚(かたうお)」や「堅魚煎汁(いろり)」と呼ばれる干しカツオが食されていた。その後、江戸時代に燻製法やカビ付けによる乾燥法が生み出された。カツオを煮て干した「生利(なまり)節」、それを燻製にした「さつま節」、「荒節(あらぶし)」、「本枯節(ほんかれぶし)」などの種類がある。特に、荒節にカビを付けて脂肪や水分を抜く、熟成させる工程を繰り返す「本節」、「枯節(かれぶし)」、「本枯節」は最上級の鰹節とされ、約1週間で完成する荒節に対し、2年以上かけて熟成されるものもある。

どうやって食べる？

専用の削り器を使い「削り節」にするのが伝統。削り節は、特に和食に欠かせないダシの主材料として用いられる。おにぎりの具材や佃煮、お好み焼きやタコ焼きのトッピングなどにも使われる。

(左)和食に欠かせないダシ。(右)お好み焼きには小さく砕いた「桜鰹」が最適。

Data

- **分類** 乾燥・燻製・発酵
- **主な食材** カツオ
- **発祥国・地域** 日本
- **旬(シーズン)** 3〜10月
- **保存期間**
【開封前】冷暗所または冷蔵庫で約5年
【開封後】密封容器に入れて冷蔵庫で1〜2年

SEAFOOD 食材 カツオ

Kipper キッパー

煙でいぶすことで独特の赤い色が付く。

古代から食べられているイギリス庶民の朝食の定番

キッパーとは、塩漬けにしたニシンを燻製にしたイギリスの保存食。正確な起源は分かっていないが、古代から同様のものが存在したと考えられており、イギリスではティータイムや夕食、そして特に朝食の定番として古くから親しまれている。

伝統的な製法では、ニシンを開いて塩漬けにし、主にナラのチップを用いて「冷燻」でいぶす。冷燻とは15〜30℃の低温でじっくりといぶす方法で、大がかりな設備と1〜4週間という長い時間を要するのが特徴。そのため、手間を省いてキッパー特有の赤い色に人工着色したものも存在するが、キッパーの名産地であるマン島などでは、今も伝統的な製法が受け継がれている。

Data

- **分類** 塩漬け・燻製
- **主な食材** ニシン、塩
- **発祥国・地域** イギリス
- **旬（シーズン）** 1〜5月
- **保存期間** 冷暗所で約6カ月

どうやって食べる？

イギリスでは、フライパンやオーブンで焼いたキッパーにバターを溶かし、パンと卵、コーヒーや紅茶と一緒に朝食として食べるのが定番だ。

（左）キッパーの燻製風景。（右）ほぐしたキッパー、米、パセリ、ゆで卵、カレー粉、バターまたはクリームで作るインド由来のイギリス料理「ケジャリー」。

Karasumi
カラスミ

チーズのような風味を持つ
高級珍味

カラスミ(左)とボッタルガ(右)。ボラ以外にタラやマグロ、メカジキ、サワラ、サバなどが利用されることもある。

中

国伝来の墨「唐墨」に形状が似ていたことが名前の由来となったカラスミ。発祥は古代ギリシャや古代エジプトといわれ、アラビア人によって地中海地域へ伝えられた後、安土桃山時代に中国から日本に伝わったという。

ボラなどの魚の卵巣を塩漬けにした後、天日干しして乾燥させたもので、塩辛くねっとりとしたチーズのような味わいが特徴。日本では江戸時代からウニ、コノワタ(ナマコの腸の塩辛)と共に「三大珍味」として珍重されている。また、台湾や地中海地域、北アフリカ、アメリカなど世界各地で生産されており、特にイタリアでは「ボッタルガ」と呼ばれ、シチリア島とサルデーニャ島の名産品として有名だ。

◉ どうやって食べる？

日本では薄切りにしてご飯にのせ、お茶漬けにするほか、刺身で巻いて酢漬けにした「小川巻き」などがある。台湾ではカリカリに焼いたり、イタリアでは削ってパスタにかけたりと、さまざまな食べ方がある。

(左)天日干しの様子。(右)ボッタルガを削ってふりかけた、シンプルなパスタ。

Data

- **分類** 塩漬け・乾燥
- **主な食材** ボラの卵巣、塩
- **発祥国・地域** ギリシャ、エジプト
- **旬(シーズン)** 秋
- **保存期間** 密封して冷蔵庫で約6カ月、冷凍庫で約1年

SEAFOOD — 食材 — ボラの卵巣

Whale Bacon
くじらベーコン

口当たりのよい脂と、独特の食感が魅力。

かつては身近な食べ物 いまでは高級食品

現在、日本は商業捕鯨を行っていない。国際捕鯨委員会の条約により、調査捕鯨によって得られた副産物であるクジラの肉などは、有効利用が義務付けられている。南極においてクロミンククジラとナガスクジラ、北西太平洋ではミンククジラ、イワシクジラ、ニタリクジラなどが捕獲調査されており、くじらベーコンをはじめ流通する鯨肉は、これらのクジラが使われている。

くじらベーコンになる部位は、ヒゲクジラの下アゴから腹部にかけての脂身で、「うすね」と呼ばれている。一般的な作り方は、塩漬けしたあと冷蔵庫内で寝かせ、ゆでて加熱し、粗熱をとったあと燻製にする。

Data

■ 分類
塩漬け、加熱、燻製

■ 主な食材
くじらの「うすね」と呼ばれる脂身、塩

■ 発祥国・地域　日本

■ 旬（シーズン）　通年

■ 保存期間
冷凍で30日程度

どうやって食べる？

まずはそのままで味わってみよう。ポン酢、からし酢味噌、マヨネーズ、わさびしょうゆを少しつけても美味。少し加熱したり、パスタやチャーハンと合わせてもおいしい。

（左）調査捕鯨の対象になるミンククジラ。（右）脂はコリコリとした食感。

Smoked Salmon
スモークサーモン

サケのうま味と煙の香りが絶妙な高級保存食

薄切りにした状態。

脂のりと食感が良いとされる、キングサーモンのスモークサーモン。

塩漬けにしたサケを塩抜き乾燥させ、燻製にした加工品。その起源についてははっきりと分かっていないが、現在のスモークサーモンの製法は、19世紀後期にロシアやポーランドからイギリスに移住した、ユダヤ教徒によって伝えられたと考えられている。また、アラスカやカナダ北西部の先住民は、何世紀も前から独自の製法によりスモークサーモンを作ってきたという。

スモークサーモンの燻製方法には、一般的な冷燻と温燻のふた通りある。あらかじめ塩漬けにしたサケを塩抜き・乾燥させた後、冷燻では30℃以下の煙で数週間かけて燻煙し、温燻では50〜80℃の煙で短時間で燻煙する。

● どうやって食べる？

薄切りにしてそのまま、またはサラダやマリネ、カナッペの具材として食べるほか、クリームチーズと共にベーグルサンドにするのが一般的。ヨーロッパではミンチにして、パテやパスタの具材に使うことも。

（左）燻製の様子。（右）キングサーモンを使った「エッグベネディクト」。

Data

- **分類** 塩漬け・燻製
- **主な食材** サケ、塩
- **発祥国・地域** 東ヨーロッパ、北米
- **旬（シーズン）** 秋
- **保存期間（真空パック）**
【開封前】冷蔵庫で約1カ月、冷凍庫で約6カ月
【開封後】密封して冷蔵庫で約1週間、冷凍庫で約2週間

SEAFOOD 食材 サケ

Sake Toba
鮭とば

かむほどに味わい深いサケ版ジャーキー

身の鮮やかな赤が食欲をそそる。

鮭とばはサケの干物の一種で、肉のジャーキーに近い。作り方は、内臓を処理したサケを海水で洗って数日寝かせ、半身におろして数日干し、その身を皮が付いたまま縦に細かく切って、さらに潮風に当てて乾燥させる。

本来は、塩分が強く、非常に固いので、大量に食べられるものではない。だが、市販されている製品には、やわらかく仕上げたものがあり、酒の肴に最適。

鮭とばは、高タンパク低カロリーで、皮の部分にはコラーゲンが多く含まれている。そのため塩気は多いが、健康食品としても注目されている。加熱すると軟らかくなるので、炊き込みご飯の具などにも利用されている。

● どうやって食べる？

細かく切ってそのまま食べるか、直火で少し炙る。炙ると風味や旨味が増すので、食べやすくなるとともにいっそう美味になる。身は硬いが、皮はもっと硬いので要注意。かめばかむほどに味が出る。

鮭とばにすると、身が鮮やかな赤になるベニザケ。

Data

- **分類** 乾燥
- **主な食材** サケ、ベニザケ
- **発祥国・地域** 日本（北海道、東北、新潟県村上市）
- **旬（シーズン）** サケの漁期（9月頃から12月頃まで）
- **保存期間** 製造方法や製品によって異なる

世界の保存調味料

料理に欠かせない調味料。味の成分を抽出・精製した砂糖や食塩、材料を発酵させたしょうゆや味噌など、長期保存できるものが多く、それ自体が保存食として機能します。世界にも、さまざまな保存調味料があります。

魚醤（ぎょしょう）

魚醤とは、主に魚類または魚介類を塩漬けにして発酵させた調味料で、独特の香りと濃厚なうま味が特徴。タイの「ナンプラー」やベトナムの「ヌクマム」をはじめ、中国や東南アジアの沿岸部を中心に、さまざまな文化圏で作られています。日本では、秋田の「しょっつる」、石川の「いしる」、香川の「いかなごしょうゆ」などが有名です。

コチュジャン

朝鮮半島でよく使われる辛味調味料で、もち米や麹（こうじ）、トウガラシなどを主原料として発酵させたもの。麹を使うため、辛さのなかにも甘味があるのが特徴で、日本では「唐辛子味噌」と呼ばれることもあります。普通の味噌よりも柔らかく、韓国料理の「ビビンバ」などに添えられるほか、タレやスープなどに少しずつ加え、味の調節に使われることが多いです。

酢

糖質を含む米や大麦などの穀物やブドウやリンゴなどの果実の搾汁をアルコール発酵させた後、さらに酢酸（さくさん）発酵させた調味料。強い酸味が特徴で、殺菌・防腐にも利用されます。紀元前5000年頃のバビロニアに記録が残るなど、その起源は非常に古く、「最古の調味料」ともいわれています。日本には、4～5世紀に中国から伝わったのではないかとされています。

豆板醤（トウバンジャン）

ソラマメにダイズや米、大豆油、ゴマ油、塩、トウガラシなどを加えて発酵させた、中国の代表的な調味料。本来はトウガラシを入れずソラマメだけで作ったものを豆板醤と呼んでいましたが、現在はトウガラシ入りのものが主流で、強い辛味が特徴です。200年以上前に中国・四川省で初めて作られて以来、麻婆豆腐をはじめ、四川料理に欠かせない調味料となっています。

Shiokara
イカの塩辛

赤造りのイカの塩辛。

イカの身の確かな歯ごたえと、芳醇なワタの風味が魅力

塩辛の歴史はよくわかっていないが、魚醤と製法が似ていることから、日本では7世紀頃までさかのぼるとする説もある。一方で、現在の塩辛と同じものは16世紀頃から作られており、江戸時代中期の18世紀以降に「塩辛」という呼び名が一般的になった。

イカの塩辛は主に3種類で、イカの身と塩だけで発酵させたもの（白造り）、イカの身と塩に肝を加えたもの（赤造り）、赤造りにイカスミを加えたもの（黒造り）がある。一般に広く知られているのは、赤造りだ。塩分は伝統製法が8から15％、減塩の簡易製法が4から8％で、減塩タイプは保存性が低い。

Data

- **分類** 塩漬け、発酵
- **主な食材** イカ、塩
- **発祥国・地域** 東アジア
- **旬（シーズン）** イカの漁期（スルメイカは5〜9月）
- **保存期間** 伝統製法と簡易製法があり、伝統製法ならば相当期間の保存が可能

どうやって食べる？

酒の肴とご飯にのせていただくのが定番で、お茶漬けとも合う。塩辛は加熱すると旨味が膨らむので、チャーハンやパスタに利用されることも。炒め物の隠し味としても使われる。

(左)温かいご飯の上にのせて。(右)スルメイカは塩辛の代表的な素材。

Shuto
カツオの酒盗

14

「酒を盗みたい」ほど旨い肴、チーズなどとの相性がよい

カツオの酒盗と大根おろし。

酒盗は、カツオの内臓を使った塩辛。18世紀前半には、「酒盗(しゅとう)」の名で存在していた。このユニークな名の由来は諸説あるが「酒が盗まれるように減っていく」または「酒を盗んででも飲みたくなる」ほどの肴だとすることから名付けられた。カツオの水揚げが多い、高知県や鹿児島県の名産。

製法はカツオの胃と腸、肝臓や膵臓をよく洗い、甘口で10％、辛口で20％の塩を加え、漬け込む。内臓に含まれる消化酵素によって発酵する。マグロ、サケ、サンマ、タイなどからも作られている。アンチョビのように使われることも多く、チーズや豆腐との相性もよい。

● どうやって食べる？　酒の肴として、ご飯にのせて。調味料としても使われ、和え物、チャーハンの味付け、煮物の隠し味などに使われる。チーズとの相性がよく、豆腐のトッピングにも使われる。

（左）クリームチーズに酒盗をトッピング。（右）カツオ漁の盛んな地域の名産。

Data

- **分類** 塩漬け、発酵
- **主な食材** カツオ、カツオの内臓
- **発祥国・地域** 日本（高知県、鹿児島県の名産）
- **旬（シーズン）** 初鰹の漁期
- **保存期間** 賞味期限は6カ月程度とされることが多い

Kasuzuke
魚の粕漬け

サワラの粕漬け。粕漬けは、酒粕が出回る冬が旬。

素材の持ち味を活かし、酒粕のふくよかな旨味が融合

粕漬けは、酒粕またはみりん粕を利用した漬け物。野菜、魚、肉など、ほぼすべての食材で作ることができる。

粕漬けの歴史は平安時代までさかのぼり、古来からある保存食製法のひとつであった。製法や管理にもよるが、魚や牛肉・豚肉を相当長期保存できることもよく知られていた。

魚の粕漬けには、ギンダラ、タラ、サワラ、ブリ、サケ、マス類など、多くの魚種が利用されている。漬ける期間は、1～2日から3～4日が多い。魚は直接酒粕に漬ける場合と、魚をガーゼにくるんで漬ける方法がある。ガーゼを使った製品は、粕を洗い流さない。

Data

■ 分類
酒粕またはみりん粕漬け

■ 主な食材　魚全般、酒粕

■ 発祥国・地域　日本

■ 旬（シーズン）　冬

■ 保存期間
一般的には冷蔵で1週間、冷凍で1カ月

 **どうやって食べる？**

酒粕を洗い流した後、直火の弱火かオーブンで焼く。酒粕をぬっただけの簡易な製法の場合は、酒粕を洗い流さずに拭き取る。フライパンにクッキングシートを置き、ふたをして中火で両面を焼いてもよい。

（左）ギンダラの西京漬け。（右）酒粕は焼く前に拭き取るか洗い流す。

Narezushi
なれずし

米と魚を発酵させた「寿司」の原型

サケの飯寿司（いずし）。飯寿司とは、野菜を入れるのが特徴のなれずしの一種。

漢字で「熟(馴)れ鮨(鮓)」と書くなれずしは、主に塩漬けにした魚などを米飯に漬け、重石をして乳酸発酵させて作る保存食だ。

酢によって酸味を加える現在の寿司とは異なり、乳酸発酵により酸味を生じさせるのが特徴で、現在の寿司の原型ともいわれている。発酵させる期間は素材や地域によってさまざまで、数日で完成するものから数年かけて漬け込むものもある。

その起源ははっきりしないが、もともとは紀元前4世紀頃に東南アジアで生まれ、その後中国を経て日本に伝わったと考えられている。奈良時代には滋賀の「鮒寿司」をはじめ、日本各地でさまざまな種類が作られるようになった。

どうやって食べる？

日本では、薄切りにして酒のつまみとしてそのまま、または軽く焼いてから食べるのが一般的だ。香りが苦手な人は、お茶漬けにすると食べやすくなる。中国では「鮓(サ)」、カンボジアでは「ファーク」、タイでは「プラ・ハー」と呼ばれ、そのまま食べるよりも、スープや炒め物の具材などに用いることが多い。

日本酒や焼酎のつまみとして。

Data

- **分類** 塩漬け・発酵
- **主な食材**
フナ、アジ、サバ、サケ、ニシン、アユなどの魚、山菜、塩、米飯、日本酒など
- **旬（シーズン）** 食材による
- **発祥年代** 紀元前4世紀頃
- **保存期間**
冷蔵庫で1週間～6カ月

SEAFOOD 食材・魚

Tsukudani
佃煮

SEAFOOD
食材・コンブ など

江戸時代に生まれた漁師の保存食

おにぎりの具材としても人気の高いコンブの佃煮。

ご飯によく合うおかずのひとつである佃煮。イカナゴなどの小魚やアサリなどの貝類、コンブなどの海藻をしょうゆと砂糖で甘辛く煮付けた日本発祥の保存食で、昆虫や牛肉を使ったものなど、さまざまな種類が存在する。

その起源は江戸時代。徳川家康が幕府を開いた際、本能寺の変で追っ手から逃れるのを助けてくれた摂津国・佃村（現大阪市西淀川区佃）の漁師たちを呼び寄せ、1645年に隅田川の砂州（現東京都中央区佃）に住まわせたことに始まる。漁師たちはそこを佃島と名付け、不漁時などの備えとして作った佃煮を売り出すようになると、安価で日持ちもすると評判を呼び、全国に広まったというのが通説だ。

Data

■ **分類** 加熱
■ **主な食材**
小魚、貝、コンブ、イナゴ、牛肉、しょうゆ、砂糖など
■ **発祥国・地域** 日本・東京
■ **旬（シーズン）** 食材による
■ **保存期間** （伝統製法のもの）
密閉容器に入れ、冷暗所で約1カ月

● **どうやって食べる？**
ご飯のおかずやおにぎりの具材として食べるのが一般的。炊飯器にお米と一緒に入れて炊き込みご飯にしたり、パスタの具材にしたりと、さまざまなアレンジができる。

（左）鮮やかな彩りの川エビ（スジエビ）の佃煮。（右）イカナゴとクルミの佃煮。

＊天正10年、明智光秀が謀反を起こし京都・本能寺の織田信長を襲撃した事件で、信長の盟友だった徳川家康も狙われ、堺から岡崎城へ脱出した。

Bacalhau
バカリャウ

18 SEAFOOD 食材 タラ

大航海時代を支えた ポルトガルの国民食

1匹丸ごと保存加工されたバカリャウ。「バカラーダ」と呼ばれ、ほぼ三角形をしている。

バカリャウはタラを塩漬けにした後、数カ月間かけて乾燥させた保存食で、ポルトガルでは国民食として親しまれている。スペインでは「バカラオ」、イタリアでは「バッカラ」と呼ばれ、南欧やタラの産地である北欧では非常にポピュラーな食材だ。

起源は15世紀の大航海時代。ポルトガルがカナダ東部のニューファンドランド島を発見すると、その周辺で獲れるタラが塩漬け・乾燥に最適だったことから作られた。その後は航海中の食料として重宝され、植民地となった中南米諸国にも広まった。また、カトリック文化圏では四旬節*に鳥獣の肉を絶つ習わしがあったことから、四旬節の料理に欠かせない食材となっている。

● どうやって食べる？

非常に塩辛いため、調理の約1日前から水で塩抜きする。薄切りにしてそのまま、煮込み料理、ロースト、卵料理、揚げ物と、多彩なレシピがある。
(左)ポルトガルの市場では、バカリャウを切り売りしている(写真：Michal_R / Shutterstock.com)。(右)バカリャウのコロッケ「パスティス・デ・バカリャウ」。

Data
- 分類　塩漬け・乾燥
- 主な食材　タラ、塩
- 発祥国・地域　ポルトガル
- 旬(シーズン)　冬
- 保存期間
冷蔵庫で約8カ月、冷凍庫で約1年半

*謝肉祭最終日の翌日(灰の水曜日)からキリストの復活を祝う復活祭の前日(聖土曜日)までの、日曜を除く40日間。聖週間(復活祭前の1週間)を準備する。

Mirin-boshi
みりん干し

カタクチイワシのみりん干し。白ゴマが香ばしさを演出。

魚の旨味を引き立たせた、独特な味わい

みりん干しは、開いた魚をみりん、しょうゆ、砂糖などを合わせた調味液に漬けて味付けし、それを干したもの。味わい深い干物の一種だ。

みりん干しにされる魚は、イワシ、サンマ、サバなどが主だが、アジ、カマス、アマダイ、ブダイ、タチウオ、カワハギ、フグ、サヨリ、キスなども利用される。変わり種だが、オスのシシャモが利用される地方もある。

みりん干しの歴史は浅く、大正時代の太平洋岸で発祥したとされる。発祥時点では、イワシが使われた。その後、全国に波及し、干物の定番の一つとなった。焼いてから干す、開かずに丸干しするタイプもある。

Data

- **分類** 調味液漬け、乾燥
- **主な食材** 青魚または白身の淡白な魚。イワシ、アジ、サバ、カマスなど
- **発祥国・地域** 日本
- **旬（シーズン）** それぞれの魚の旬。イワシならば6〜10月
- **保存期間** 製造方法にもよるが、一般的には冷蔵保存で4〜5日

どうやって食べる？

みりん干しには、身の厚いサバや魚体の小さいイワシまで、いろいろな魚種が使われている。直火でじっくりと炙って、食卓へ。焦げやすいので注意。七味を入れたマヨネーズを合わせると、最高の酒の肴に。

（左）サンマのみりん干し。（右）温かいご飯のおかずにサンマのみりん干し。

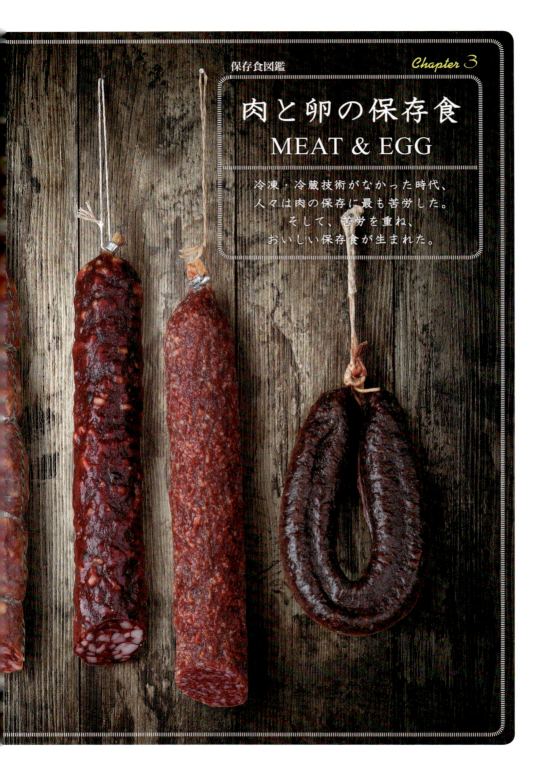

保存食図鑑

Chapter 3

肉と卵の保存食
MEAT & EGG

冷凍・冷蔵技術がなかった時代、
人々は肉の保存に最も苦労した。
そして、苦労を重ね、
おいしい保存食が生まれた。

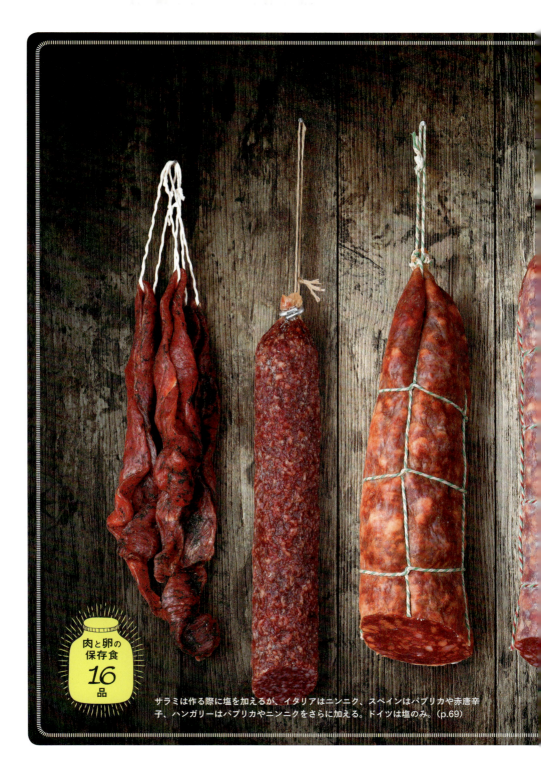

肉と卵の
保存食
16
品

サラミは作る際に塩を加えるが、イタリアはニンニク、スペインはパプリカや赤唐辛子、ハンガリーはパプリカやニンニクをさらに加える。ドイツは塩のみ。(p.69)

Corned Beef
コンビーフ

食肉の歴史とともに変化してきた塩漬け牛肉

伝統的な製法で作られたコンビーフの薄切り。

ほぐした牛肉を使った缶詰タイプのコンビーフ。

粒状の粗塩(corn)を、牛肉(beef)にすり込んで塩漬けした後、ゆでて保存処理をした肉加工品。人類が生肉を保存するために塩漬けにしたのがその始まりだとされており、アイルランドでは12世紀の詩にコンビーフが登場するほか、15～17世紀の大航海時代には、コンビーフを樽に詰めて長い航海の保存用食料にしたという。

欧米では伝統的なブロック肉で作ることが一般的だが、現在は缶詰としてのコンビーフが世界的に広まっている。この缶詰は、1861年に起こった南北戦争の際に軍隊食としてアメリカで生まれたとされ、コンビーフの代名詞である台形の缶詰(枕缶)も、この時に生まれたものだ。

どうやって食べる?

ザワークラウト、チーズ、ドレッシングと共にパンに挟んで焼く「ルーベンサンド」のほか、キャベツと煮込む「コンビーフ&キャベジ」などが定番。

(左)枕缶のコンビーフ。付属の巻き取り鍵を使い、缶側面の一部を帯状に巻き取って開ける(写真:urbanbuzz / Shutterstock.com)。(右)ルーベンサンド。

Data

- **分類** 塩漬け・煮沸消毒
- **主な食材** 牛肉、塩
- **発祥国・地域** ヨーロッパ、中東など
- **旬(シーズン)** 通年
- **保存期間** (伝統製法のもの) 密封して冷蔵庫で5～7日 (缶詰)【開封前】冷暗所で約3年【開封後】密封容器に入れて冷蔵庫で1～2日

Salami
サラミ

あらゆる肉のうま味が凝縮された
イタリアが誇る保存食

上から一般的なサラミ、ブラックペッパー入りサラミ、トウガラシ入りサラミ、白カビで熟成させたサラミ。

ドライソーセージの一種で、イタリア語の「sale（塩）」に由来する。名前の通り、もともとは豚ひき肉に塩、ラード、酒などを混ぜて腸詰めにし、数カ月間乾燥・熟成させたものを指していたが、その後は塩以外にハーブやスパイスを加えたものも含まれるようになった。乾燥前にゆでたりして調理することもあるほか、牛肉やイノシシ肉などを使ったサラミもある。

現在はスペインやハンガリー、フランスなどでも広く作られている中、発祥国のイタリアでは霜降り状のラードが特徴の「ミラノサラミ」をはじめ、地域ごとに数多くの種類があり、国の食文化を代表する食品のひとつとなっている。

Data

- **分類** 塩漬け・乾燥
- **主な食材** 豚、イノシシ、牛などのひき肉、塩、ラード、コショウ、ニンニク、ワインなど
- **発祥国・地域** イタリア
- **旬（シーズン）** 通年
- **保存期間** 密封容器に入れて冷蔵庫で3〜6カ月

どうやって食べる？

薄切りにして前菜としてそのまま食べるのが一般的。パニーニなどに挟んで軽食にするほか、角切りにしてパスタやオーブン料理の隠し味としても使う。外側の腸管は、はがしてから食べる方がよい。

（左）サラミとチーズを挟んだパニーニ。（右）さまざまな種類のサラミが並ぶ市場。

Confit
コンフィ

フランス生まれの最も古い保存食のひとつ

鴨肉のコンフィ。

コンフィとは、肉や果物などの食材を油脂や砂糖に長時間浸すことで保存処理をしたフランスの保存食で、「保存する」という意味のフランス語「confire」に由来している。

肉のコンフィは、冷凍技術のない時代に肉を保存する手段として考えられたもので、ガチョウやカモなどの水鳥のほか、豚やシチメンチョウを用いる。塩とハーブをすり込んだ肉を油脂に浸して低温でゆっくりと加熱した後、そのまま冷やして固まった油脂で肉を完全に覆うと、数カ月保存できる。果物のコンフィは果物を砂糖漬けにした後、砂糖の中で保存したもので、主にサクランボやオレンジなどが用いられる。

どうやって食べる？

肉のコンフィは、鍋から取り出してフライパンで皮に焦げ目が付くまで焼き、野菜のソテーなどと一緒にメイン料理として食べる。果物のコンフィはそのまま食べるほか、ケーキの装飾などに用いられる。

（左）鴨肉を油に浸し加熱する様子。（右）オレンジとグレープフルーツのコンフィ。

Data

- **分類** 油漬け、砂糖漬け
- **主な食材** 肉、油／果物、砂糖
- **発祥国・地域** フランス
- **旬（シーズン）** 通年
- **保存期間** （肉のコンフィ）肉を覆うように油ごと密閉容器に入れ、冷蔵庫で1〜3カ月 （果物のコンフィ）砂糖ごと密閉容器に入れ、冷蔵庫で1〜3カ月、冷凍庫で3〜6カ月

MEAT & EGG
食材 鴨／豚肉 ほか

Sausage
ソーセージ

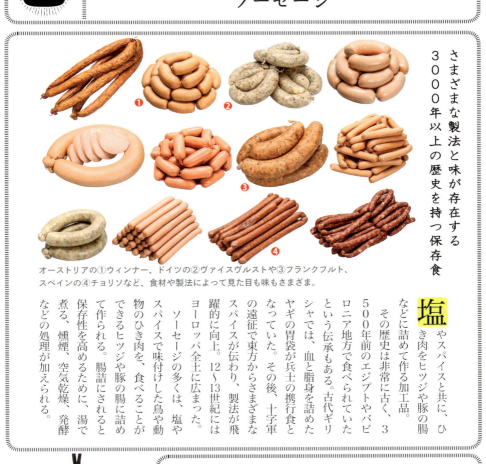

オーストリアの①ウィンナー、ドイツの②ヴァイスヴルストや③フランクフルト、スペインの④チョリソなど、食材や製法によって見た目も味もさまざま。

さまざまな製法と味が存在する3000年以上の歴史を持つ保存食

塩やスパイスと共に、ひき肉をヒツジや豚の腸などに詰めて作る加工品。

その歴史は非常に古く、3500年前のエジプトやバビロニア地方で食べられていたという伝承もある。古代ギリシャでは、血と脂身を詰めたヤギの胃袋が兵士の携行食となっていた。その後、十字軍の遠征で東方からさまざまなスパイスが伝わり、製法が飛躍的に向上。12〜13世紀にはヨーロッパ全土に広まった。

ソーセージの多くは、塩やスパイスで味付けした鳥や動物のひき肉を、食べることができるヒツジや豚の腸に詰めて作られる。腸詰にされると保存性を高めるために、湯で煮る、燻煙、空気乾燥、発酵などの処理が加えられる。

Data

■ **分類**
塩漬け、乾燥、燻製、発酵など

■ **主な食材**　豚、牛などのひき肉、塩、スパイス、ハーブ

■ **発祥国・地域**
エジプト、中近東

■ **旬（シーズン）**　通年

■ **保存期間**　冷蔵庫で約3週間、冷凍庫で1〜2カ月

どうやって食べる？

肉の粗さや脂肪との比率、調味料、製法により多くの種類があるため、調理法や食べ方もさまざま。ソーセージは湯煮や燻煙によって加工されているが、ゆでたり焼いたりと、加熱してから食べるのが一般的だ。

（左）バーベキューには欠かせない。（右）腸詰め後、手でねじって成形する。

Salo
サーロ

豚の脂身を塩漬けにしたウクライナの伝統食品

シンプルな味付けのサーロ。脂肪のしつこさはあまり感じず、食べやすい。

豚の脂身を塩漬けにした保存食。現在は中欧〜東欧諸国で広く食べられており、特に発祥国のウクライナではパンに並ぶ主食として、またエネルギー源として古くから重視されてきた伝統食品である。東欧の伝統医学では、ねんざや切り傷の痛み止め用の軟膏（なんこう）としても、サーロを活用していた。

板状に切り出した豚の脂肪を数カ月間塩漬けにした後、冷暗所で1年以上かけて熟成させるのが、基本的な製法。パプリカやニンニク、コショウなどのスパイスをすり込んでから漬けることもあるほか、燻製にすることもある。柔らかくねっとりとした舌触りが特徴で、脂肪のしつこさもなく食べやすい。

どうやって食べる？

薄切りにしてそのまま食べることが多い。バターの代わりに黒パンにのせて食べるほか、生野菜のサラダなどと一緒に食べる。煮込んだり焼いたりとさまざまな調理方法があり、調理用油としても使われる。

（左）黒パンにのせて。（右）パプリカとブラックペッパーを使ったサーロ。

Data

- **分類** 塩漬け
- **主な食材** 豚の脂身、塩、パプリカ、ブラックペッパーなど
- **発祥国・地域** ウクライナ
- **旬（シーズン）** 通年
- **保存期間** 冷凍庫で3〜4カ月

Pastirma
パストゥルマ

MEAT & EGG
食材 牛肉

たっぷりのスパイスで覆われたトルコ発祥の保存肉

パストゥルマ。トルコには20種類以上のパストゥルマがあり、特にトルコ中部の都市カイセリのものが有名。

パストゥルマとは、塩漬けにした牛肉を水で洗って乾燥させた後、「チェメン」と呼ばれるスパイシーなペーストで覆って乾燥させた、トルコの保存食だ。チェメンとは、クミン、フェヌグリーク、ニンニク、パプリカを混ぜ合わせたもので、これにより独特の香りが付く。

こうした干し肉はアナトリア地方（トルコのアジア部分）では古代から作られており、トルコ民族が遊牧生活をしていた頃に、保存食として馬の鞍（くら）に下げていた塩漬け肉が起源だとする説もある。また、オスマン帝国時代には支配下のバルカン半島やアラブ諸国などに伝わり、各地域でパストゥルマ由来の保存食が作られるようになった。

Data

- **分類** 塩漬け・乾燥
- **主な食材**
牛肉、塩、クミン、ニンニク、パプリカ、フェヌグリークなど
- **発祥国・地域** トルコ
- **旬（シーズン）** 通年
- **保存期間**
密封容器に入れて冷蔵庫で1週間〜1カ月

どうやって食べる？

トルコでは薄くスライスしてそのままで食べるほか、ベーコンのように卵料理の具材にして朝食にしたり、トルコの蒸留酒ラクと一緒に軽食のメゼとして食べることが多い。

(左)パストゥルマをのせたトルコ風ピザ「ピデ」。(右)市場に並ぶパストゥルマ。

Pâté

パテ

鶏のレバーを使ったパテ。バゲットに塗って前菜に。

前菜やおつまみに最適なフランス料理の定番メニュー

フランス・ベルギーを発祥とするパテは、肉や魚、レバーなどの具材を細かく刻んでペースト状に練り上げた料理。その起源についてははっきり分かっていないが、最も有名な「フォアグラのパテ」は、フランス人シェフのジャン・ジョセフが18世紀に作ったものが最初とされる。

「パテ」という名前は、「パイ生地」を意味するフランス語「pâte」に由来し、本来は小麦粉を練ったパイ生地で具材を包んで焼いた料理を指した。その後、生地の中の具材そのものを指すようになり、やがて練り物全般をパテと呼ぶようになった。なお、長方形で深さのある陶器（テリーヌ型）にパテを詰めて調理したものは「テリーヌ」と呼ばれる。

● どうやって食べる？

パテはバゲットやクラッカー、野菜などに塗って前菜や軽食、朝食として食べる。テリーヌは食べやすい大きさに切って、そのまま食べる。

（左）ナッツやクランベリーを加えてアレンジ。（右）「パテ・ド・カンパーニュ（田舎のパテ）」。テリーヌ型に入れて約1日置くと、さらにおいしくなる。

Data

- **分類** ペースト
- **主な食材** 豚、ウサギ、家禽などのひき肉、レバー、脂肪、野菜、ハーブ、スパイス、ワインなど
- **発祥国・地域** フランス、ベルギー
- **旬（シーズン）** 通年
- **保存期間** 煮沸消毒した瓶に入れて表面を油で覆い、冷蔵庫で約1週間

08 Jamón Serrano / Jamón Ibérico
ハモン・セラーノ／ハモン・イベリコ

ひづめが黒いハモン・イベリコ。

ハモン・セラーノの薄切り。

ひづめが白いハモン・セラーノ。

素材にこだわったスペインを代表する生ハム

古代ローマ時代に起源を持つスペインの生ハム。なかでも有名なのが、ハモン・セラーノ（山のハム）とハモン・イベリコ（イベリア半島のハム）だ。製法は両者同じで、塩漬けにした豚肉を気温の低い乾いた場所に長期間吊るして乾燥・熟成させる。

ハモン・セラーノは、改良種の白豚から作られる柔らかい食感と鮮やかなピンク色が特徴で、イタリアの「プロシュット」、中国の「金華ハム」と並び世界三大ハムのひとつに数えられる。一方、スペイン産の黒豚「セルド・イベリコ」から作られるハモン・イベリコは、濃い赤色ときめ細かい脂肪が特徴で、豚の飼育に手間がかかり熟成期間が長いため、非常に高価である。

Data
- **分類** 塩漬け・乾燥
- **主な食材** 豚の脚、塩
- **発祥国・地域** スペイン
- **旬（シーズン）** 通年
- **保存期間**
（骨付きの原木）常温で6カ月〜2年
（スライスされた真空パック）常温または冷蔵庫で約3カ月

● どうやって食べる？
スペインでは、薄切りにしてからトマトやチーズと一緒にパンに挟み、軽食として食べるほか、メロンと一緒に前菜として食べる。卵を使った炒め物、煮物の食材としても用いられる。

（左）市場内の生ハム専門店。（右）「イベリコ豚」とも呼ばれるセルド・イベリコ。

Pancetta
パンチェッタ

豚バラ肉を塩漬けにした
イタリア料理の隠し味

さいの目に切った
「パンチェッタ・ステーザ」。

ロール状の「パンチェッタ・
アロトラータ」の薄切り。

パンチェッタとは、「豚バラ肉」を指すイタリア語で、豚バラ肉を塩漬けにしたものも同じ名前で呼ばれる。豚バラ肉の塊に塩やコショウなどをすり込んだ後、1カ月以上乾燥・熟成させて作る。これを燻製するとベーコンとなるため、日本では俗に「生ベーコン」と呼ばれており、ベーコンに比べてやや塩辛く、酸味があるのが特徴だ。

パンチェッタには、ロール状の「パンチェッタ・アロトラータ」と、平らで表皮が付いた「パンチェッタ・ステーザ」があり、前者は前菜としてそのまま、後者はサイコロ状に細かく切って料理に使うことが多い。ベーコンのように燻製した「パンチェッタ・アッフミカータ」もある。

どうやって食べる？

ロールタイプのアロトラータは、薄切りにしてそのまま生ハムのように食べる。またステーザはさいの目に細かく切ってフライパンで炒め、にじみ出た脂と塩味を、パスタソースや煮込み料理などに使う。

（左）「カルボナーラ」には欠かせない食材。（右）ベイクドポテトと共に軽食に。

Data

- **分類** 塩漬け・乾燥、燻製
- **主な食材** 豚バラ肉、塩、コショウなど
- **発祥国・地域** イタリア
- **旬（シーズン）** 通年
- **保存期間**
密封容器に入れて冷蔵庫で約2週間、料理しやすい大きさ切ってからラップで包み、冷凍庫で約6カ月

MEAT & EGG ・食材・ 豚肉

Century Egg
ピータン

宝石のような美しさと独特の臭いを併せ持つ珍味

籾殻などが付いた状態。

殻がピンク色に着色されたタイのピータン。

黄身が硬く保存性の高い「硬心（こうしん）皮蛋」。このほかに、黄身が半熟で臭いが弱い「溏心（とうしん）皮蛋」がある。

ピータン（皮蛋）とは、アヒルの卵を強いアルカリ性の粘土に漬けて熟成させた、中国の保存食だ。起源は14世紀頃の明代初期、ある茶館の主がアヒルの卵を灰に埋めたまま忘れていたところ、2カ月後に偶然見つけると熟成しておいしくなっていたことがきっかけだという。

石灰や木炭を混ぜた粘土を卵の殻に塗り、籾殻をまぶして土や甕のような冷暗所に2〜3カ月貯蔵すると、徐々に殻の内部がアルカリ性になり、タンパク質が変性して固まる。その結果、白身は黒いゼリー状、黄身はひすい色という美しい見た目になる。同時にアンモニアや硫化水素を含む、独特の臭いと刺激的な味が生まれる。

 **どうやって食べる？**

食べる際は、殻に付いた粘土や籾殻を洗い落として殻をむいた後、スライスしてしばらく放置し、臭いを弱めて食べるとよい。中国では前菜としてそのまま食べるほか、煮込み料理や菓子に使うこともある。

(左)ピータン入りの香港式中華粥。(右)ピータン、ひき肉、バジルを炒めたタイ料理。

Data

- **分類** タンパク質の固化・熟成
- **主な食材**
アヒルの卵（鶏卵、ウズラの卵）、塩、炭酸ナトリウム、消石灰、粘土、木灰、茶、籾殻など
- **発祥国・地域** 中国
- **旬（シーズン）** 通年
- **保存期間**
冷暗所または冷蔵庫で約2年

Beef Jerky
ビーフ・ジャーキー

11

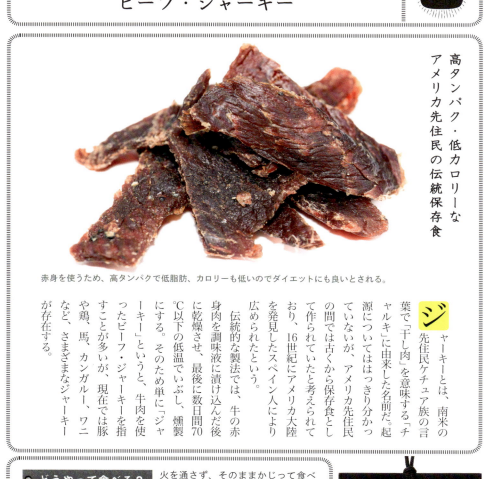

高タンパク・低カロリーな
アメリカ先住民の伝統保存食

MEAT & EGG
食材 - 牛肉 ほか

赤身を使うため、高タンパクで低脂肪、カロリーも低いのでダイエットにも良いとされる。

ジャーキーとは、南米の先住民ケチュア族の言葉で「干し肉」を意味する「チャルキ」に由来した名前だ。起源についてははっきり分かっていないが、アメリカ先住民の間では古くから保存食として作られていたと考えられており、16世紀にアメリカ大陸を発見したスペイン人により広められたという。

伝統的な製法では、牛の赤身肉を調味液に漬け込んだ後に乾燥させ、最後に数日間70℃以下の低温でいぶし、燻製にする。そのため単に「ジャーキー」というと、牛肉を使ったビーフ・ジャーキーを指すことが多いが、現在では豚や鶏、馬、カンガルー、ワニなど、さまざまなジャーキーが存在する。

どうやって食べる？

火を通さず、そのままかじって食べるのが一般的で、適度な塩味の付いたジャーキーは酒のつまみとしても人気が高い。南米では煮込み料理に入れて、ダシとして用いることもある。

（左）乾燥中のビーフジャーキー。（右）パンプキンスープの風味付けに。

Data

■ **分類** 塩漬け・乾燥・燻製
■ **主な食材**
牛肉（赤身）、塩、スパイス、砂糖など
■ **発祥国・地域** アメリカ大陸
■ **旬（シーズン）** 通年
■ **保存期間**
密封容器に入れて冷暗所で約4カ月

Prosciutto
プロシュット

プロシュットの薄切り。

古代ローマ時代から食される イタリアの伝統保存食

世界三大生ハムのひとつ、「プロシュット・ディ・パルマ」。

イタリア語で「非常に乾いた物」を意味するプロシュット(プロシュート)。豚モモ肉を塩漬けにした後、吊るして乾燥・熟成させたイタリアの伝統的な生ハムで、非加熱の「プロシュット・クルード」、加熱した「プロシュット・コット」の2種類がある。

その歴史は古代ローマ時代にさかのぼり、北イタリアで生まれたとされる。特に名産地として名高いパルマの「プロシュット・ディ・パルマ」は、中国の「金華ハム」、スペインの「ハモン・セラーノ」と並び世界三大生ハムのひとつに数えられる。1〜2年という長い時間をかけて乾燥・熟成させることで余分な水分や油分が抜け、香り豊かでまろやかな風味に仕上がる。

Data

- **分類** 塩漬け・乾燥
- **主な食材** 豚の脚、塩
- **発祥国・地域** イタリア
- **旬(シーズン)** 通年
- **保存期間**
(骨付きの原木)常温で6カ月〜2年
(スライスされた真空パック)常温または冷蔵庫で約3カ月

どうやって食べる？

薄切りにしてそのまま、またはメロンやイチジクと共に前菜として食べるほか、「サルティンボッカ・アッラ・ロマーナ」など、加熱する料理もある。

(左)プロシュットの製造所(写真:Alessia Pierdomenico / Shutterstock.com)。(右)仔牛肉にプロシュット、セージをのせて焼く「サルティンボッカ・アッラ・ロマーナ」。

MEAT & EGG / 食材 豚肉

Bacon
ベーコン

さまざまな逸話が残される
燻製食品の代表格

薄切りベーコン。

ブロックベーコン。

弱火でじっくり焼いて
カリカリに揚がった「フライド・ベーコン」

ベーコンとは、主に豚バラ肉を塩漬けにした後燻製にしたものを指す。もともとは「背中」を意味する古ドイツ語「bakkon」に由来しているといることから、本来は背中や脇腹の肉が使われていたと考えられる。材料となる肉の部位によって、ロース肉を使った「ロース（カナディアン）ベーコン」や、肩肉を使った「ショルダーベーコン」など、さまざまな種類がある。

起源についてははっきり分かっていないが、紀元前のデンマークで海賊が航海中の保存食として塩漬けの豚肉を火であぶっていたところ、湿った薪であぶってしまい、それが偶然燻製になったという説など、世界中にさまざまな逸話が残されている。

● どうやって食べる？

弱火でじっくり焼くことで脂肪が溶け出し、カリカリに揚がった「フライド・ベーコン」は、ベーコンエッグなど朝食の定番。燻煙による風味やうま味を利用して、煮込み料理などにも使われる。

(左)燻製中のベーコン。(右)イギリスやアメリカの朝食の定番「ベーコンエッグ」。

Data

- **分類** 塩漬け・燻製
- **主な食材**
豚肉、塩、砂糖、スパイスなど
- **発祥国・地域** 不明
- **旬（シーズン）** 通年
- **保存期間**
冷蔵庫で2週間〜1カ月半、冷凍庫で1〜6カ月

MEAT & EGG
食材
豚肉

Luncheon Meat
ランチョンミート

軍隊食として広まった沖縄料理の定番食品

(上)缶詰タイプのランチョンミート。(下左)デンマーク「TULIP」(写真：gcpics / Shutterstock.com)。(下右)アメリカの「SPAM」(写真：Julie Clopper / Shutterstock.com)。

ランチョンミートとは、スパイスなどを加えたひき肉を金型に入れて固め、オーブンで加熱した後、冷却して保存性を高めたソーセージの一種。しばしば昼食として食べられていたことから、「昼食用の肉」を意味する名前が付けられた。

欧米を中心にさまざまな種類が存在し、日本では主にアメリカの「SPAM(スパム)」や、デンマークの「TULIP(チューリップ)」に代表される缶詰タイプのものを指す。

特に沖縄では「ポーク」と呼ばれて料理に欠かせない食材となっており、第二次大戦後の食糧難の頃、米軍の軍隊食として用いられていた缶詰製品が、豚肉の代用品として配給されたことに由来がある。

Data

- **分類** 加熱殺菌・冷却
- **主な食材** 豚・牛・鶏などのひき肉、脂肪、塩、スパイスなど
- **発祥国・地域** デンマーク
- **旬(シーズン)** 通年
- **保存期間** (缶詰タイプ)
【開封前】常温で約3年
【開封後】ラップで包み冷蔵庫で約1週間、冷凍庫で約1カ月

どうやって食べる？

欧米では薄切りにしてサンドイッチなどにすることが多い。缶詰タイプはそのまま食べられるが、沖縄の「チャンプルー」やハワイの「スパムむすび」、韓国の鍋料理「プデチゲ」などのように加熱するのが一般的だ。

(左)インスタントラーメンやソーセージと煮込む「プデチゲ」。(右)「スパムむすび」。

Lardo
ラルド

15

「ラルド・ディ・コロンナータ」。
程よい塩加減と熟成した香り、なめらかな舌触りが特徴。

MEAT & EGG — 食材 — 豚肉

イタリア語で「豚の脂肪」を意味する名の通り、豚の背脂をローズマリーなどのハーブやニンニク、コショウなどのスパイスと共に、塩漬けまたは燻製にしたサラミの一種で、古代ローマ時代から食されてきたイタリアの伝統保存食だ。

なかでも最高品質として知られるのが、トスカーナ州北部のコロンナータ村で作られる「ラルド・ディ・コロンナータ」。大理石の産地である近郊の町カッラーラの大理石でできた、「コンカ」という浴槽のような容器の中で、6〜10カ月間熟成させるのが特徴だ。

起源は2000年以上前にさかのぼり、大理石の採石場で働く労働者の栄養補給のために考案されたという。

どうやって食べる？

イタリアでは、薄切りにしてそのまま、ハッシュドポテトやトーストしたバゲットにのせて前菜として食べるのが一般的。コクを出すために、仔牛やラムなどの淡泊な味の肉に合わせることもある。

（左）ラルドの薄切り。（右）ルッコラ、アンチョビと共にバゲットにのせて。

Data

- **分類** 塩漬け、燻製
- **主な食材** 豚の背脂、塩、ハーブ、スパイスなど
- **発祥国・地域** イタリア・トスカーナ州
- **旬（シーズン）** 通年
- **保存期間** 密閉容器に入れて冷暗所で約1年

Rillettes
リエット

MEAT & EGG ─食材─ 豚肉 ほか

肉を脂肪で煮詰めた
パテに似た保存食

豚肉のリエット。

リエットはパテに似たフランスの保存食で、角切りまたはみじん切りにした豚肉を、塩、ハーブ、スパイスなどと共に脂肪の中で長時間じっくりと煮込み、脂肪分がペースト状になるまで冷やした後、容器に入れて表面をラードで覆って保存したものだ。

主に豚のバラ肉または肩肉を使い、ガチョウやアヒル、鶏、野禽、ウサギのほか、マグロやサケなどの魚を使うこともある。アンジューやトゥールなどが産地として有名。

豚肉をその脂肪で煮込む料理は古代ローマ時代から作られていたが、「リエット」という名前が登場したのは19世紀のことで、フランス中部、アンドル＝エ＝ロワール県の都市トゥールが発祥とされる。

Data

- **分類** ペースト・油漬け
- **主な食材** 豚、鶏、アヒル、ウサギ、ガチョウなどの肉、魚、脂肪、塩、スパイス、ハーブなど
- **発祥国・地域** フランス
- **旬（シーズン）** 通年
- **保存期間** 煮沸消毒した瓶に入れて表面をラードなどで覆い、冷蔵庫で1カ月～1年

どうやって食べる？

フランスでは、そのままバゲットやトーストに塗って、前菜として食べるのが一般的。食べる際は、最初に表面のラードを別の場所によけてから肉を取り出し、その後再びラードで覆って保存するとよい。

（左）サーモンのリエット、米、ブルーチーズのドリア。（右）鶏肉のリエット。

チーズの種類と特徴

「人類が作った最も古い食品」ともいわれるチーズ。昔ながらの製法で作るナチュラルチーズは「フレッシュ」、「パスタフィラータ」、「白カビ」、「ウォッシュ」、「シェーブル」、「ブルー」、「セミハード＆ハード」の7種類に分類でき、水分が少なく硬い「セミハード」や「ハード」は長期保存ができ、保存食とされていました。

エダムチーズ／オランダ

【分類】ハード　【原材料】牛乳

オランダ北部・エダム地方原産のハードチーズで、ゴーダチーズと並ぶオランダの代表的なチーズのひとつです。輸出される際、表面が赤または黄色のワックスでコーティングされることから、日本では「赤玉」と呼ばれることも。クセが少なくマイルドな味わいのため、粉チーズにして料理に使うことが多いです。

エメンタールチーズ／スイス

【分類】ハード　【原材料】牛乳

スイス中部・エメンタール地方原産のハードチーズ。ひとつの重さが80〜100kgあり、世界のチーズのなかでも特に大きなチーズです。発酵段階に発生する炭酸ガスの影響で、内部に「チーズアイ」と呼ばれる多数の穴が開いている点と、ナッツに似た香ばしい香りが特徴で、チーズフォンデュに欠かせないチーズのひとつです。

カマンベールチーズ／フランス

【分類】ホワイト　【原材料】牛乳

フランス北西部・ノルマンディー地方のカマンベール村が原産で、表面が白カビに覆われたホワイトチーズの一種です。内部はクリーム色で熟成が進むほど柔らかくなるため、丸い木箱などに詰めて型崩れを防ぎます。クセが少なく、濃厚なコクとうま味があって食べやすいため、「チーズの女王」とも称されています。

ゴルゴンゾーラ／イタリア

【分類】ブルー　【原材料】牛乳

イタリアを代表するチーズで、イギリスのスティルトン、フランスのロックフォールと並んで「世界三大ブルーチーズ」のひとつに数えられています。大きく分けて、青カビが多く辛味の強い「ゴルゴンゾーラ・ピッカンテ」と、青カビが少なくクリーミーな味わいの「ゴルゴンゾーラ・ドルチェ」の2つに分類されます。

【分類】セミハード **【原材料】**牛乳

チェダーチーズ／イギリス

　イギリスを代表するチーズであり、生産量は世界一を誇ります。薄黄色からオレンジ色のものがあり、熟成が進むにつれて酸味とコクが深まります。そのままスライスしてサラダに入れたり、ピザやグラタンなどのトッピングにしたり、さまざまな料理に使われるほか、ゴーダチーズと並んでプロセスチーズの主原料となっています。

【分類】ハード **【原材料】**牛乳

パルミジャーノ・レッジャーノ／イタリア

　イタリア北部・エミリア＝ロマーニャ州原産のハードチーズで、日本では「パルメザンチーズ」として有名。1個が約40kgにもなるため、約600ℓの牛乳を使い、最低でも1年以上の熟成期間を要します。濃厚な味わいと、うま味成分であるアミノ酸の結晶がジャリジャリと感じられるのが特徴で、イタリア料理に欠かせない食材です。

【分類】ハード **【原材料】**羊乳

ペコリーノ／イタリア

　古代ローマ時代に起源を持つイタリア最古のチーズで、「ロマーノ」をはじめ、各地域にさまざまな種類があります。保存性や栄養価に優れ、ローマ軍の携行食としても利用されました。長期保存が目的なので、塩分が強くやや刺激がある点と羊乳特有の香りが特徴で、そのまま食べるほか、粉チーズにしてパスタソースなどに使います。

【分類】ウォッシュ **【原材料】**牛乳

ポン・レヴェック／フランス

　フランス北西部・ノルマンディー地方の修道院で、12世紀頃に生まれたウォッシュチーズ。牛乳から作られたチーズの表面を塩水で洗うことで、除菌・熟成させます。クセが少なく牛乳のコクが残るマイルドな口当たりが特徴で、加熱すると風味が増すため、トーストにのせたりグラタンに使ったりと、溶かして食べることが多いです。

【分類】フレッシュ **【原材料】**水牛乳、牛乳

モッツァレラチーズ／イタリア

　イタリア南部・カンパニア州原産のフレッシュチーズ。「ひきちぎる」という意味の名前は、餅のように伸ばし引きちぎって成形することに由来しています。熱を加えると糸を引くように伸びるのが特徴で、温和な酸味とかすかな甘味のある、さっぱりした味わい。牛乳製もありますが、伝統的な水牛乳製はより美味とされています。

世界の臭い保存食

Column 04

アンチョビや鰹節、チーズなど、保存食には発酵させることでよりおいしく、より長く保存できるようになった発酵食品が多数あります。しかし、なかには発酵過程で食材が変質し、独特の臭いを発するようになった保存食も多数あります。ここでは、特に強烈な臭いを持つ世界の臭い保存食を紹介します。

1. シュールストレミング／スウェーデン

スウェーデン語で「酸っぱいニシン」を意味するニシンの塩漬けの缶詰で、「世界一臭い食べ物」として有名。発酵状態を保ったまま缶に詰められるため缶の中でも発酵が進み、開封する際は発生したガスによって内部の汁が勢いよく噴出し、強烈な臭気が広範囲に広がります。そのため、屋外で開けることが推奨されています。

【臭いの強さ】★★★★★★★★★★

2. ホンオフェ／韓国

ガンギエイ(ホンオ)の切り身を発酵させた韓国料理で、強烈なアンモニア臭を持つことで知られています。エイの肉をつぼなどに入れ、10日ほど置いて発酵させると完成。韓国南西部に位置する港町、木浦(モクポ)の郷土料理で、本場のものは特に臭いが強く、涙を流しながら食べるほど臭いといわれています。

【臭いの強さ】★★★★★★★★☆☆

3. エピキュアチーズ(缶詰)／ニュージーランド

ニュージーランドのチーズ。缶の中で2～3年熟成させるのが特徴で、乳酸発酵に伴い炭酸ガスや硫化水素などが発生し、開封の際は独特の強い臭いを発します。酸味とコクが強い独特の味で、チーズのなかで最も強烈な臭いを持つといわれますが、現在は缶詰タイプはほとんど販売されておらず、臭いも穏やかだそうです。

【臭いの強さ】★★★★★☆☆☆☆☆

4. キビヤック／グリーンランド、北米

グリーンランドや北米の先住民に伝わる発酵食品で、内臓と肉を除いたアザラシのお腹に「アパリアス」と呼ばれるコウミスズメを詰め、土中に数カ月～2年以上埋めて発酵させます。食べ方も独特で、アパリアスの排泄口に口を付け、発酵して液体状になった内臓をすすって食べます。臭いは強烈ですが、北極圏では貴重な栄養源です。

【臭いの強さ】★★★☆☆☆☆☆☆☆

5. くさや（焼きたて）／日本

【臭いの強さ】★★★☆☆☆☆☆☆☆

　ムロアジやトビウオ、シイラなどの魚を開き、「くさや液」という発酵液に8〜20時間漬け込んだ後に天日干しした魚の干物の一種で、伊豆諸島の特産品として有名です。臭いの元となるのは、魚を漬け込むくさや液。もともとはただの食塩水でしたが、古いものほどうま味が出るとされ、200年以上繰り返し使われているものもあるそうです。

6. 鮒寿司（ふな）／日本

【臭いの強さ】★★☆☆☆☆☆☆☆☆

　滋賀県の郷土料理である鮒寿司は、奈良時代から作られているなれずしの一種。琵琶湖の固有種であるニゴロブナを米と塩で発酵させたもので、魚肉に含まれるタンパク質が乳酸発酵することにより、独特の強烈な臭いを発するようになります。特に、子持ちのメスの鮒寿司はチーズのようなコクと香りがあり、より美味とされています。

7. 納豆／日本

【臭いの強さ】★★☆☆☆☆☆☆☆☆

　大豆を納豆菌によって細菌発酵させた、日本独特の発酵食品。その歴史は古く、11世紀半ばにはすでに存在していたと考えられ、現代でも上質なタンパク源となっています。伝統的な作り方では、蒸した大豆をワラで包み、40℃に保った場所で1日置きます。こうすることでワラに付いた納豆菌が大豆に移り、発酵が進みます。

8. 沢庵の古漬け（たくあん）／日本

【臭いの強さ】★☆☆☆☆☆☆☆☆☆

　ダイコンをぬかや塩などで漬けた漬けもの。ぬか漬けの一種ですが、ダイコンはほかの野菜より多くの含硫化合物（メチオニンなどの含硫アミノ酸やチオシアネートなどの硫化物）を含んでおり、発酵過程でこれらの物質が微生物に分解されて揮発性硫黄化合物となって飛散するため、長く漬けるほど強烈な臭いを発するようになります。

9. 臭豆腐（しゅうどうふ）／中国

【臭いの強さ】★★☆☆☆☆☆☆☆☆

　中国や台湾、香港などでよく食べられている豆腐の発酵食品で、もともとは中国南東部・湖南省（こなん）の郷土料理でした。豆腐を植物性の発酵液にひと晩漬けて発酵させたもので、豆腐の表面が発酵して独特の風味と強い臭いを発します。現地では、臭豆腐を揚げてからタレをかけたものが、軽食として屋台などで売られています。

Chapter 4
保存食レシピ

忙しい毎日の献立にはもちろん、
いざという時のためにも役立つ保存食。
作る前の基礎知識も併せて紹介します！

保存食レシピ 55種類

保存食を作る前に

長期保存できる安全な保存食を作るには、保存方法や保存容器の種類、煮沸消毒の方法など、事前に知っておきたいことがいくつかあります。調理に入る前に、確認してみましょう。

保存食の保存方法

食物を長期間保存できるように、人類は古代から数多くの方法を編み出してきました。そしていずれの方法においても、腐敗の原因となる雑菌やカビの繁殖を抑えるための工夫が見られます。ここでは、家庭でも簡単にできる「瓶詰」、「密封」、「冷凍」の3つの保存方法を紹介します。それぞれの保存食のタイプに合わせてうまく使い分けましょう。

瓶詰

ガラスの瓶詰は、臭いが移りにくく酸にも強いのが特徴。フタが金属製のものや、一体型になっているものなどさまざまですが、なるべくフタの裏全体がコーティングされているものを選びましょう。酸が強いものを長期保存するときは、フタにゴムが入っていないとさびてしまうので注意が必要です。食品を詰める際は、必ず煮沸消毒やアルコール消毒を施した、清潔なガラス瓶を使いましょう。

密封

少量を漬けたり、小分けにして冷凍保存したりする場合は、ジッパーで密封できる保存袋が便利。ポイントは最後にしっかりと空気を抜くこと。これにより、湿気や乾燥、酸化から食品を守る効果があります。使う際は、万が一汁漏れをした場合に備えて、バットや皿などにのせて保存しておくと安心です。最近は家庭用の真空パック機も普及しており、安価で手に入れることができます。

冷凍

長期保存を目的に作られた保存食は、冷凍保存することでさらに保存期間が延びます。冷凍することで腐敗の原因となる細菌の繁殖を防ぎ、食品の劣化を抑えることもできるからです。冷凍保存をする際は密封袋や密封容器を使用し、できるだけ平らにして冷風が当たる表面積を大きくして、冷凍速度を早めるとよいでしょう。ただし、一度解凍したものを再冷凍すると、食材の組織が壊れてしまうので注意しましょう。

保存容器の種類

家庭で作った保存食を、おいしく長く楽しむために欠かせない保存容器。ここでは使用頻度が高く、使いやすい3種類の容器を紹介します。そのままテーブルウェアとしても出せるオシャレなものや、使い勝手の良いストック向きのものなど、用途に応じて選びましょう。

ガラス瓶

ガラス瓶は、ジャムやパテ、タプナードなどのスプレッドタイプ(塗り物)の保存食に最適な保存容器。古くから飲料用の容器として使用されてきた歴史を持ち、中身がすぐに確認できるほか、臭いが付きにくく汚れも落ちやすいため、手入れが簡単というのが最大の特徴です。耐熱ガラス製の容器であれば、冷凍保存していたものをそのまま電子レンジで加熱できるという使い勝手の良さも魅力です。

琺瑯(ほうろう)

琺瑯とは、鉄やアルミニウムなどの金属素材の表面にガラス質の釉薬(ゆうやく)を高温で焼き付けたもので、金属の熱伝導性と強度の高さ、ガラスの耐蝕性(たいしょく)と光沢の美しさという、両者の長所を併せ持っています。食材の臭いが移りにくく、酸や塩分にも強い点、保温性が高く冷却性に優れています。そのまま直火にかけたり、オーブンに使えたりする点も大きな魅力ですが、電子レンジには使えないので注意しましょう。

耐熱プラスチック

ガラス瓶や琺瑯に比べると非常に軽量で、持ち運びにも便利な耐熱プラスチック容器。形や大きさのバリエーションが豊富で、食材や保存食に合わせて選べる点や、使わないときは重ねてすっきりと収納できる点も長所に挙げられます。ただし、臭い移りや色移りをしてしまう場合があるので、食材によっては向かないものも。また、密封度はガラス瓶などに比べて劣るので、数カ月にわたる長期保存にはあまり向いていません。

保存容器の煮沸消毒

瓶詰にする場合は、保存容器を煮沸消毒しておくことでさらに保存性が高まります。まず大きな鍋の底に清潔なふきんを敷き、その上に瓶を並べてから水をたっぷりと注ぎ入れます。そして中火で沸騰させたらそのまま10分ほど火にかけ、瓶を取り出します。取り出した瓶は清潔な乾いたふきんの上に口を下にして置き、自然乾燥させます。なお、フタやゴムパッキンは熱湯に長く浸けると変形することがあるので、20秒ほどで引き上げましょう。

燻製の基礎知識

　燻製とは、食材を煙でいぶすこと（燻煙）によって保存性を高めるとともに、特有の風味を付加する保存方法で、煙の殺菌成分が食品に浸透することや、長時間の燻煙によって食品内の水分が減少することで保存性が高まり、長期保存が可能となります。

　燻製の歴史は非常に古く、その起源についてははっきりと分かっていませんが、燻製の原型ともいえる調理法が生まれたのは、今からおよそ1万3000年前の石器時代だといわれています。当時の人が火を使っていた際、偶然その煙によって食材がいぶされて燻製になっていたという説が濃厚です。その後、さらに保存性を高めるために燻製方法も幾度となく改良されてきましたが、保存技術が発展した現代ではその意味合いは薄れ、独特の風味を楽しむための調理方法として広がっています。

　現在、燻製には食材をいぶす際の煙の温度の違いによって、「熱燻」、「温燻」、「冷燻」の3つの燻煙方法があり、食材によってそれぞれ適した方法が用いられています。

熱燻

　80～100℃の高温で食材をいぶす方法。燻製時間はほかの方法と比べて短く、早いものは5分、長くても1時間ほどで完成します。短時間で仕上げるのでジューシーな味わいが特徴ですが、その分食材の水分が多く残るので保存性は低くなります。そのため、保存というよりは風味付けの意味合いが強く、肉や魚をまるごと燻製にするアウトドア料理など、手軽に燻製を楽しみたいときにおすすめの方法です。

温燻

　温燻は、燻製における最も一般的な方法です。50～80℃の煙でいぶし、燻製時間は1～6時間。食材の水分も半分ほど失われるので、数日～1週間は保存できるようになります。代表的な料理は、ベーコンやソーセージ、ビーフジャーキーなど。塩が含まれている練り物やチーズとも、相性が良いです。温燻はどんな食材でもおいしく仕上がりやすいので、熱燻に慣れたら挑戦してみましょう。

冷燻

　燻製作りにおいて最も難易度が高い方法で、15～30℃の煙で1週間～数カ月間いぶす必要があります。温度の上昇を防ぐため、気温が低い時期しか挑戦できないなど、温度管理が非常に重要で手間がかかりますが、冷燻で作った燻製は食材の水分が40％以下になるため、長期保存が可能になります。代表的な料理はスモークサーモンなど。冷燻がうまくできるようになれば、燻製を完全に習得したといっても過言ではありません。

漬ける保存食

Pickled Beetroot
ビーツのピクルス

ロシアをはじめ中欧や東欧ではおなじみの野菜、ビーツ。そのピクルスはビーツの甘味と酢の酸味がクセになる独特の味で、鮮やかな赤色は料理の彩りにも最適です。

● 保存期間
冷蔵庫で1カ月

● 材料
ビーツ …… 4個

A
- 水 …… 200mℓ
- ホワイトビネガー …… 100mℓ
- 砂糖 …… 大さじ3
- 塩 …… 小さじ1
- ローリエ …… 1枚
- クローブ …… 2個

1. ビーツは葉を落とし、湯を沸かした鍋に入れて、軟らかくなるまでゆでる。
2. ゆでたビーツの皮をむいてひと口サイズに切り、煮沸消毒した瓶に入れる。
3. 〔A〕の材料をすべて鍋に入れて沸騰させ、5分ほど火にかけたら粗熱が取れるまで冷ます。
4. ビーツを入れておいた瓶に全体が漬かるように〔3〕を注ぎ入れてから、冷暗所で1日寝かせ、味がなじんだら完成。

Point ビーツの特徴でもある真っ赤な色は、洋服などに付くと取れにくいので注意しましょう。

 ## Pickled Gherkin
キュウリ（ガーキン）のピクルス

アメリカでキュウリのピクルスといえば、「ガーキン」と呼ばれる小ぶりのキュウリを使うのが一般的。相性抜群のディルシードを加えて、独特の風味を楽しみましょう。

● **保存期間**
冷蔵庫で1カ月

● **材料**
ガーキン …… 10本
塩 …… 大さじ1

A
- 水 …… 200mℓ
- ホワイトビネガー …… 400mℓ
- ニンニク …… 4片
- ディルシード …… 25g
- マスタードシード …… 大さじ1
- 黒コショウ（粒）…… 大さじ1/2

1. ガーキン全体に塩をまぶし、水分が出てくるまで30分ほど置く。
2. ガーキンを水洗いして塩を落とし、水気をしっかり切ったら、煮沸消毒した瓶にきつく詰めるようにして入れていく。
3. ニンニクの皮をむいて軽くつぶし、〔A〕の材料すべてと合わせて鍋に入れ、火にかける。沸騰したら火を弱め、さらに5分ほど煮る。
4. ガーキンを入れておいた瓶に全体が漬かるように〔3〕を注ぎ入れ、冷暗所で1日寝かせて味がなじんだら完成。

 ガーキンがない場合は通常のキュウリでもOK。4cmほどの長さに切り、縦に4等分してから、ピクルス液に漬け込みます。

Pickled Mushroom
マッシュルームのピクルス

低カロリーで、さまざまなビタミンがバランスよく含まれているマッシュルームのピクルス。そのままはもちろん、サラダの具材としてもおいしくいただけます。

● **保存期間**
冷蔵庫で1カ月

● **材料**
マッシュルーム …… 20個

A
- 水 …… 100mℓ
- ホワイトビネガー …… 200mℓ
- 砂糖 …… 大さじ3
- 塩 …… 小さじ1
- 黒コショウ（粒）…… 大さじ1
- ディルシード …… 15g
- トウガラシ …… 1本

1. マッシュルームの軸先を切り落として水で洗い、湯を沸かした鍋に入れてさっと煮る。火が通ったらザルに上げておく。
2. 煮沸消毒した瓶にマッシュルームを詰める。
3. 〔A〕の材料をすべて鍋に入れて沸騰させ、5分ほど火にかけたら粗熱が取れるまで冷ます。
4. マッシュルームを入れておいた瓶に全体が漬かるように〔3〕を注ぎ入れ、冷暗所でひと晩寝かせて味がなじんだら完成。

 マッシュルームにはホワイト種とブラウン種があり、前者はまろやかで上品な味、後者は香りと風味が強いのが特徴。

Pickled Egg
卵のピクルス

日本ではあまりなじみのない卵のピクルス。ほんのりと酸味が効いたまろやかな味が特徴で、ヨーロッパではバーやパブのカウンターにも並ぶ定番のおつまみです。

● **保存期間**
冷蔵庫で1カ月

● **材料**
卵 …… 4個

A
- 水 …… 200mℓ
- ホワイトビネガー …… 100mℓ
- 砂糖 …… 大さじ3
- 塩 …… 大さじ1
- ローリエ …… 1枚

1. 水と卵を鍋に入れて火にかけ、沸騰してから10分ほどで火を止め、固ゆでに仕上げる。
2. 〔A〕の材料をすべて鍋に入れて沸騰させ、ひと煮立ちさせたら粗熱が取れるまで冷ます。
3. 煮沸消毒した瓶に卵を詰め、その上から〔2〕を注ぎ入れる。冷暗所でひと晩寝かせ、味がなじんだら完成。

ビーツと一緒に漬けると、卵の白身がピンク色に染まって華やかに仕上がります。

Pickled Onion
タマネギのピクルス

イギリスではピクルスにタマネギを使うのが定番で、常備菜としても活躍するほか、デトックス効果も抜群。特に赤タマネギで作ると料理の彩りにも使えます。

- **保存期間**
冷蔵庫で1カ月

- **材料**
赤タマネギ …… 2個

A
- ホワイトビネガー …… 200mℓ
- 砂糖 …… 大さじ2
- 塩 …… 小さじ3
- 黒コショウ（粒）…… 小さじ1

1. 赤タマネギをくし形に切り、水を張ったボウルに入れて1時間ほどさらしておく。
2. 〔A〕の材料をすべて鍋に入れて沸騰させ、ひと煮立ちさせたら粗熱が取れるまで冷ます。
3. 水にさらしておいた赤タマネギの水をよく切り、煮沸消毒した瓶に入れてその上から〔2〕を注ぎ入れる。
4. 冷暗所でひと晩寝かせてタマネギ特有の辛味が抜けたら完成。

タマネギのピクルスには、直径3～4cm程度の小型のタマネギ「ペコロス（小タマネギ）」を使うのもおすすめ。皮をむいてから上下に切り込みを入れ、まるごとピクルス液に漬け込みます。

Pickled Pumpkin
カボチャのピクルス

ドイツでは伝統的なピクルスとしてよく食べられている、カボチャのピクルス。歯ごたえのある食感と、上品な酸味が特徴のピクルスです。

- **保存期間**
冷蔵庫で1カ月

- **材料**
カボチャ …… 300g

A
- ホワイトビネガー …… 100mℓ
- 白ワイン …… 100mℓ
- 砂糖 …… 大さじ2
- 塩 …… 小さじ1
- クローブ …… 小さじ1

1. カボチャの種とワタを取り除き、皮をむく。好みのサイズに切り、ラップで軽く包んで電子レンジ（600W）に入れ、2分ほど加熱する。
2. 〔A〕の材料をすべて鍋に入れて沸騰させ、ひと煮立ちさせたら粗熱が取れるまで冷ます。
3. 煮沸消毒した瓶にカボチャを詰め、その上から〔2〕を注ぎ入れる。冷暗所でひと晩寝かせ、味がなじんだら完成。

電子レンジを使用すれば、カボチャの硬さを好みに応じて調整することができます。

07 Bran Pickled Cucumber
キュウリのぬか漬け

さっぱりした酸味とシャキシャキとした食感が特徴の、キュウリのぬか漬け。大量に漬けず、一度に食べられる分だけ漬けるのがおいしく作るコツです。

● **保存期間**
ぬか床から取り出して、
冷蔵庫で2～3日

● **材料**
キュウリ …… 2本
塩 …… 少々　ぬか床 …… 適量

1. キュウリを塩で軽くもんでから塩を洗い流し、水気をよく切る。
2. キュウリを適度に発酵したぬか床に漬ける。その際、表面全体がぬかに包まれるようにし、隙間がないように漬けていく。
3. ぬか床を日の当たらない涼しい場所または冷蔵庫に置き、半日～1日ほど待てば完成。

ぬか床の作り方

1. 鍋に水（900mℓ）と塩（125g）を入れて火にかけ、塩が溶けたら火を止めて冷やしておく。
2. 容器にいりぬか（1kg）、コンブ（5×5cmを5枚）、トウガラシ（2本）を入れて[1]を3回に分けて加え、耳たぶ程度に柔らかくなるまで混ぜる。
3. くず野菜を使って捨て漬けし、発酵させる。その間、ぬかは毎日2回かきまぜ、野菜は2～3日に1回取り替える。これを3～4回繰り返せば完成。

Point　ぬか漬けは、ぬか床から出してすぐに洗って食べるのが一番おいしいとされます。漬かり過ぎるとしょっぱくなってしまうので、加減を見て早めに取り出しましょう。

Sauerkraut
ザワークラウト

「酸っぱいキャベツ」を意味する名前の通り、強い酸味が特徴のザワークラウト。ソーセージをはじめとする肉料理と非常に相性が良いです。

● **保存期間**
冷蔵庫で約2週間

● **材料**
キャベツ …… 中1個(約1kg)
A
| 塩 …… 20g
| キャラウェイシード …… 小さじ1/2
| ディルシード …… 小さじ1/2
| ローリエ(ちぎっておく) …… 1枚
| 黒コショウ(粗びき) …… 少々

1. キャベツの外葉と芯を取り、千切りにする。
2. ボウルにキャベツと〔A〕の材料をすべて入れ、水分が出てくるまでもむように混ぜる。
3. 漬物用の容器に空気を抜きながら〔2〕を層状に詰めていき、最後に表面が空気に触れないよう清潔な布で覆って重石(約2kg)をのせる。
4. 半日～1日経ってキャベツの表面まで水が上がってきたら、最初より軽い重石をのせ、冷暗所で保管する。その間、数日に1回チェックして、カビが生えていれば布などで取り除く。
5. 6～8日で発酵が進み、酸味が出てきたら完成。

Point 好みに応じてニンジンやセロリなどを一緒に漬けると、味や食感のアクセントになります。

09 Umeboshi
梅干し

日本の食卓に欠かせない梅干し。その酸味成分である「クエン酸」には、疲労回復や血糖値の上昇を抑える効果があるとされ、健康食品としても注目されています。

● 保存期間
冷蔵庫で1カ月〜

● 材料
完熟ウメ......3kg　粗塩......540g
赤シソ......300g　塩（シソ用）......50g

1. ウメを水で洗い竹串などでヘタを取り除いたら、乾いた布で水気を拭き取る。
2. 保存容器にウメと粗塩（全体量の2/3）を交互に詰め、最後に残りの粗塩をすべて入れる。
3. 落としブタをして重石（6kg）をのせ、上からビニール袋をかけてフタを閉める。冷暗所に数日置いておき、全体が漬かるほど梅酢が出たら、重石（3kg）をのせる。
4. ボウルに赤シソと塩（半量）を入れ、全体がなじむように強くもむ。赤シソからアクが出たらすべて捨て、残りの塩を加えて再びもむ。
5. 赤シソを絞ってボウルに入れ、容器から梅酢を少し取り出して加えたら、赤シソをほぐしつつ梅酢となじませる。
6. ほぐした赤シソを漬けているウメの上に広げ、梅酢を戻し入れたら再び落としブタをして重石をのせ、冷暗所で保管する。
7. 晴天が続く頃にウメを取り出してザルに並べ、3日間天日干しする。その間1日1〜2回ウメを裏返し、夜は室内に取り込む。
8. 干し上がったウメを瓶に詰め、上から梅酢を注ぎ入れたら完成。

Point　ウメを水洗いした後は、カビの原因になるので水気をしっかり拭き取りましょう。完成した梅干しはすぐに食べられますが、3カ月ほど置くと味がなじんでよりおいしくなります。

Nuts in Honey
ドライナッツのハチミツ漬け

10

ナッツをハチミツに漬け込んだ、手軽に作れる栄養たっぷりの保存食。そのまま食べるのはもちろん、ヨーグルトやパンケーキにかけるのもおすすめです。

● **保存期間**
常温で約1年

● **材料**
ミックスナッツ
（クルミ、マカダミアナッツ、
アーモンド、カシューナッツなど）
..... 適量
ハチミツ
...... ナッツがすべて漬かる程度

1. ベーキングシートの上にナッツをすべて並べ、150〜160℃に温めておいたオーブンで15分加熱する。
2. 密封できる保存容器にローストしたナッツを入れ、上からナッツがすべて漬かる量のハチミツを注ぎ入れる。
3. 冷暗所で1週間〜10日間ほど漬けて、味がなじんだら完成。この間、冷蔵庫に入れるとハチミツが固まってしまうので、日の当たらない涼しい場所で保存する。

オーブンがない場合はフライパンで乾煎りしてもOK。　**Point**

Preserved Lemon
プリザーブドレモン

日本では「塩レモン」として知られるプリザーブドレモン。モロッコ料理や北アフリカ料理に欠かせない調味料で、料理にレモンの爽やかな風味をプラスしてくれます。

● **保存期間**
冷蔵庫で約1年

● **材料**
レモン（無農薬）...... 4個
塩 40g

1. レモンをよく水で洗う。無農薬のものがない場合、塩（分量外）をもみ込むようにこすってから、水できれいに洗い流す。
2. レモンに十字の切り込み（縦方向）を入れて塩を詰め込み、煮沸消毒した瓶に塩とレモンを交互にきつく詰めていく。
3. 瓶のフタをしっかり閉め、冷暗所で1カ月以上寝かせる。時々瓶を揺すったり上下を返したりしてなじませ、レモンの皮が柔らかくなったら完成。

Point レモンを漬ける際は、お好みで黒コショウやハーブなどを加えてもおいしいです。

12 Oil Pickled Eggplant
ナスのオイル漬け

ナスのオイル漬けは、イタリアでよく作られる保存食のひとつ。そのままお酒のおつまみにしたりパスタやサラダの具材にしたりと、アレンジ次第で料理の幅が広がります。

● **保存期間**
冷蔵庫で約1ヵ月

● **材料**
ナス …… 5本
塩 …… 小さじ2
水 …… 200mℓ
酢 …… 100mℓ
ニンニク（スライス）…… 1片
オリーブオイル …… 適量

1. ナスを水で洗いヘタを落としたら、5mm幅にスライスするか、ひと口大に切る。
2. ボウルにナスを入れ、全体に塩をふりかけてラップをしたら、重石をのせてひと晩置く。
3. 余分な水分が出てナスがしんなりしてきたら、絞って水気を切る。
4. 鍋にナス、水、酢を入れ、強火にかけてひと煮立ちさせたら、中火で1〜2分煮る。火を止めて粗熱を取り、ナスの水気を切りながらザルに並べ、半日ほど天日干しする。
5. ナスの両面が乾いたら保存容器にナスとニンニクを入れ、その上からナスが隠れるまでオリーブオイルを注ぎ入れる。1週間ほど置いて味がなじんだら完成。

Point　ナスを天日干しにする際は、何度か裏返して両面を乾かすようにしましょう。

Oiled Sardine
オイルサーディン

新鮮なイワシが出回り始めたら、オイルサーディン作りに挑戦してみましょう。自家製のオイルサーディンは、缶詰製品に比べてふっくらと軟らかく仕上がります。

● **保存期間**
冷蔵庫で約1年

● **材料**
小イワシ ..... 20〜30匹
水 ...... 500mℓ　塩 大さじ3
ニンニク（スライス）...... 2片
ローリエ 2枚
ローズマリー 1枝
トウガラシ 1本
オリーブオイル ...... 適量

1. 小イワシの頭と内臓を取って水で洗ったらボウルに入れ、水、塩を加えて1〜2時間置く。
2. 小イワシを取り出してキッチンペーパーで水気を拭き取り、底が広い鍋に煮崩れしないようにぎっしりと隙間なく並べていく。
3. 小イワシの上にニンニク、ローリエ、ローズマリー、種を取ったトウガラシをのせ、材料がすべて漬かるまでオリーブオイルを注ぐ。
4. 鍋を弱火にかけ、1時間ほどして泡が大きくなったら極弱火にしてさらに煮詰め、小イワシの骨まで軟らかくなれば完成。冷ましてオイルごと密閉容器に移し、冷蔵庫で保存する。

Point　イワシを塩水に漬ける時間が長いほどしっかりした味になり、保存期間も長くなります。

鴨肉のコンフィ

コンフィはフランス料理の調理法のひとつで、素材の風味を良くしつつ長期保存ができるという優れもの。特に鴨肉のコンフィは定番で、メイン料理としても活躍します。

● 保存期間
冷蔵庫で1～3カ月

● 材料
鴨モモ肉（骨付き）..... 4本
ラード ...... 500～600g
A
- 塩 大さじ1
- 黒コショウ（粗びき）...... 少々
- タイム（ちぎっておく）...... 2枝
- ローズマリー（ちぎっておく）...... 1枝

1. 鴨肉にフォークなどで数カ所穴を開け、混ぜ合わせておいた〔A〕をまぶしてよくもみ込み、容器に入れて冷蔵庫でひと晩寝かせる。
2. 鍋にラードを入れて火にかけ、ラードが完全に溶けたら、軽く水気を拭き取った鴨肉を鍋に入れ、ラードの温度を80℃に保ちながら2～2時間半煮込む。
3. 鴨肉に竹串がすっと刺さる程度に柔らかくなったら火を止めて粗熱を取り、保存容器に鴨肉を移し入れたら、全体が漬かるように上からラードを注ぎ入れ、冷蔵庫で保存する。
4. 食べる際は固まったラードの中から鴨肉を取り出し、周囲のラードを使ってフライパンで表面がぱりっとするまで焼き上げる。

Point: 完成したコンフィは1日置けば食べられますが、3日以上置いた方が味がなじみ、よりおいしくなります。

乾燥させる保存食

15 Dried Tomato
ドライトマト

イタリアでは定番の食材として、さまざまな料理に使われているドライトマト。このドライトマトをオリーブオイルに漬けておくと、さまざまな料理に活躍してくれます。

● **保存期間**
冷蔵庫で1〜2カ月

● **材料**
トマト（小ぶり）….. 300g（4〜5個）
塩 …… 大さじ1
バジル（ちぎっておく）…… 2〜3枚
ニンニク …… 1片
オリーブオイル …… 適量

1. トマトのヘタを取り半分に切ってボウルに入れ、全体に塩をふりかけて少し置く。出てきた水分はキッチンペーパーで拭き取る。
2. 天板にベーキングシートを敷いてトマトを並べ、120℃に温めたオーブンで2時間加熱する。乾燥が足りなければ温度を下げて再加熱する。
3. 保存容器にドライトマト、バジル、つぶしたニンニクを入れ、全体が漬かるまでオリーブオイルを注ぎ入れる。フタをして冷蔵庫で1〜2日寝かせ、味がなじんだら完成。

Point トマトの乾燥時間を短くすれば、セミドライトマトとしても使うことができます。

Dried Radish
切り干し大根

切り干し大根は、日本で古くから食べられてきた保存食。秋の終わりから冬にかけて収穫した大根を使って作り、寒ければ寒いほどおいしくなるといわれています。

● **保存期間**
冷暗所または冷蔵庫で6カ月～1年

● **材料**
ダイコン ..... 適量

1. ダイコンをよく水で洗い、皮付きのまま葉とヘタを切り落としたら、5mm幅の輪切りにする。
2. 輪切りにしたダイコンをさらに千切りにする。このとき、細く切り過ぎると歯ごたえがなくなってしまうので注意。
3. 千切りにしたダイコンをザルに並べ、晴天が続く頃、風通しの良い場所に置いて5日～1週間天日干しする。ダイコンの体積が減り、乾燥したら完成。

しっかり乾燥できていないと、カビが生えてくるので要注意。密閉容器を使えば、常温でも1年は保存できます。

Dried Persimmon
干し柿

そのままでは食べられない渋柿を乾燥させ、甘い柿に変身させる干し柿。自然な甘味と栄養価の高さが魅力の干し柿は、美容や健康にも良いドライフルーツです。

● **保存期間**
冷蔵庫で1週間、冷凍庫で1カ月

● **材料**
渋柿 ..... 適量

1. 柿のヘタと柄を残しつつ、厚めに皮をむく。
2. 60～70cmのヒモを用意し、柿が2個で1組になるように、ヒモの両端に柿の柄を結ぶ。
3. 鍋に水を入れて沸騰させ、柿を数秒入れて引き上げる。これによりカビの発生を抑える。
4. 軒下の日当たりと風通しの良い場所に、柿同士が触れないよう上下をずらして吊るす。
5. 7～10日経ち柿の表面が乾いてきたら、指で押すようにして軽くもむ。さらに5～7日後に同じ作業をして、数日経ち完全に乾燥したら完成。

 完全に乾燥してなくても渋味は抜けているので食べられますが、カビが生えやすく長期保存はNGです。

18 Dried Fig
ドライフィグ

「不老長寿の果物」と称されるほど、栄養価の高いイチジク。生だと傷みやすいのが難点ですが、ドライフルーツにしておけば1年中楽しむことができます。

● 保存期間
冷蔵庫で約3カ月

● 材料
イチジク ..... 適量

1. イチジクのヘタの先端部分を切り落として水で洗い、キッチンペーパーで水気を拭き取ってから適当な大きさに切る。
2. 天板の上にベーキングシートを敷き、重ならないようにイチジクを並べていく。
3. 130℃に温めたオーブンで1時間～90分加熱する。途中で一度イチジクを裏返し、イチジクが完全に乾燥したら完成。

 Point　オーブンがない場合は、電子レンジで乾燥させてもOK。「500Wで1～5分加熱→出てきた水分を取り除く」を何度か繰り返し、乾燥が足りない場合は最後に天日干しをして調整します。

19 Dried Mango
ドライマンゴー

ドライフルーツの定番ともいえるドライマンゴー。酸味と甘味のバランス、ビタミンAやE、βカロテン、食物繊維など栄養も豊富で、老化防止にも効果が期待できます。

● 保存期間
冷蔵庫で約1カ月

● 材料
マンゴー ..... 適量

1. マンゴーの皮をむき、5mm幅にスライスする。
2. 天板の上にベーキングシートを敷いてからグリル用の網を置き、その上に重ならないようにマンゴーを並べていく。
3. 100℃に温めたオーブンで、60～90分加熱する。途中で一度マンゴーを裏返し、乾燥が足りないようなら30分ずつ加熱を繰り返し、完全に乾燥したら完成。

Point 　マンゴーは非常に水分が多く糖度も高いので、オーブンで加熱する際は焦げてしまわないように、低温で加熱するようにしましょう。

20 Raisin
レーズン

木になったブドウの果実が自然に乾燥したものが起源とされるレーズン。そのまま食べるのはもちろん、ラム酒に浸せば「ラムレーズン」としても活用できます。

● 保存期間
冷蔵庫で約3カ月、冷凍庫で約6カ月

● 材料
種なしブドウ(デラウェアなど) ...... 適量

1. ブドウの果実を房から外してザルに入れ、水で汚れを落としながら洗ったら、キッチンペーパーで水気を拭き取っておく。
2. 天板の上にベーキングシートを敷き、重ならないようにブドウを並べていく。
3. 100℃に温めたオーブンで90分〜2時間加熱する。ブドウの水分が飛んで表面にシワが寄ってきたら裏返し、焦がさないようにさらに加熱して、完全に乾燥したら完成。

 ラムレーズンを作る場合は、さっと湯通しして乾燥させたレーズンを瓶に入れてラム酒を注ぎ、冷蔵庫に入れて1〜2週間待てば完成。

21 Dried Apricot
ドライアプリコット

ウメによく似ているアンズですが、ウメとは違い、熟すととても甘くなります。ドライアプリコットも甘味を生かし、刻んでヨーグルトやケーキに入れて食べるとおいしいです。

● 保存期間
冷蔵庫で1〜3カ月

● 材料
アンズ ...... 適量

1. アンズを水で洗い、キッチンペーパーで水気を拭き取る。包丁でアンズを半分に割って種を取り出し、切った面の水気も拭き取っておく。
2. 天板の上にベーキングシートを敷き、重ならないようにアンズを並べていく。
3. 100℃に温めたオーブンで90分加熱したら、アンズを裏返してさらに1時間加熱する。乾燥が足りなければさらに15分ずつ加熱する。

 天日干しでも作れますが、時間がかかるとアンズがどんどん変色してしまうので、すぐに乾燥できるオーブンがおすすめです。

Dried Apple
ドライアップル

「1日1個のリンゴで医者いらず」ということわざもあるほど、栄養たっぷりのリンゴ。特に果皮の近くに栄養が多く含まれているので、皮ごと乾燥させるのがおすすめです。

保存期間
冷蔵庫で1〜3カ月

材料
リンゴ ..... 適量
塩 小さじ1

1. リンゴを水で洗って芯をくり抜き、スライサーなどを使って横方向に1〜3mmほどの厚さにスライスしていく。
2. ボウルに水(分量外)を張って塩を溶かし、スライスしたリンゴを入れて軽くさらす(これにより、仕上がりの色がきれいになる)。リンゴを取り出して水気を拭き取っておく。
3. 天板の上にベーキングシートを敷き、重ならないようにリンゴを並べていく。
4. 100℃に温めたオーブンで60〜90分加熱し、乾燥が足りなければさらに加熱する。

Point 塩水ではなく、水と砂糖を同量で作ったシロップにくぐらせてから焼くと、焼き上がりの色がよりきれいになります。

Dried Shiitake
干しシイタケ

生の状態よりも香りとうま味が強くなる干しシイタケ。戻し汁はダシとしても利用できるほか、煮物や鍋の具材などアレンジも多彩なので、常備しておくと便利です。

保存期間
常温で半年〜1年

材料
シイタケ ..... 適量

1. シイタケの表面に付いたほこりや汚れを取り除き、石づき(軸先)を切り落とす。
2. ザルの上に重ならないようにシイタケを並べていく。丸干しの場合は、傘を下にして並べると水分が蒸発しやすくなり、早く乾く。
3. 日当たりと風通しの良い場所で、時々裏返しながら5〜7日間天日干しする。元の状態より縮み、水分が完全に飛んだら完成。乾燥が足りなければ、様子を見つつさらに1日干す。

Point スライスにする場合は、6mmほどの厚さに切るのがおすすめ。丸干しよりも早く乾燥が進むので、3〜4日で完成します。

ジャム・コンポート・マーマレード

Raspberry Jam
ラズベリージャム

鮮やかなルビー色が特徴の、甘酸っぱいラズベリージャム。パンやヨーグルト、チョコレートによく合うほか、肉料理の付け合わせとしても利用できます。

● **保存期間**
【開封前】冷蔵庫で約1年
【開封後】冷蔵庫約1カ月

● **材料**
ラズベリー 300g
グラニュー糖 150g
レモン汁 小さじ1

1. 水洗いして水気を拭き取ったラズベリーを鍋に入れ、グラニュー糖、レモン汁を加えてフタをして、1時間ほど置く。
2. ラズベリーから果汁が出てグラニュー糖が溶けてきたら鍋を弱火にかける。焦げないようヘラでかき混ぜながら煮詰め、アクが出たら取り除く。
3. ラズベリーの形がなくなり、好みの濃度になったら火を止める。冷めると自然にとろみが出てくるので、煮詰め過ぎないようにする。
4. 温かいうちに煮沸消毒した瓶に移しかえる。フタをしっかり閉めたら瓶をひっくり返し、自然に冷ませば完成。

Point 果実の半量の砂糖があれば1年保存でき、砂糖の量が増えるほどさらに保存期間が延びます。

25 *Strawberry Jam*
ストロベリージャム

「ジャムの王様」ともいえるストロベリージャムは、優しい甘味とつぶつぶとした種の食感が特徴。春に旬を迎えるイチゴが手に入ったら、ジャムにして保存しておきましょう。

● **保存期間**
【開封前】冷蔵庫で約1年
【開封後】冷蔵庫約1カ月

● **材料**
イチゴ 300g
グラニュー糖 150g
レモン汁 小さじ1

1. 水洗いしたイチゴのヘタを切り落とし、しっかりと水気を拭き取る。イチゴ、グラニュー糖、レモン汁を鍋に入れてフタをして、1時間ほど置く。
2. イチゴから果汁が出てグラニュー糖が溶けてきたら鍋を弱火にかける。焦げないようヘラでかき混ぜながら煮詰め、アクが出たら取り除く。
3. 水分を飛ばすように優しく混ぜ、好みの濃度になったら火を止めて、温かいうちに煮沸消毒した瓶に移しかえる。フタをしっかり閉めたら瓶をひっくり返し、自然に冷ませば完成。

イチゴの粒を残したくない場合は、煮詰めながら適度に果肉をつぶしておきます。また、ペクチンを使うとより固まりやすいです。

Point

Blueberry Jam
ブルーベリージャム

26

深い紫色と爽やかな甘さが特徴のブルーベリージャム。特にイギリスでは、アフタヌーンティーのスコーンに欠かせない定番のジャムとなっています。

● **保存期間**
【開封前】冷蔵庫で約1年
【開封後】冷蔵庫約1カ月

● **材料**
ブルーベリー 300g
グラニュー糖 150g
レモン汁 小さじ1

1. 水洗いして水気を拭き取ったブルーベリーを鍋に入れ、グラニュー糖、レモン汁を鍋に加えてフタをして、30分～1時間置く。
2. ブルーベリーから果汁が出てグラニュー糖が溶けてきたら鍋を弱火にかける。焦げないようヘラでかき混ぜながら煮詰め、アクが出たら取り除く。
3. 水分を飛ばすように優しく混ぜ、好みの濃度になったら火を止めて、温かいうちに煮沸消毒した瓶に移しかえる。フタをしっかり閉めたら瓶をひっくり返し、自然に冷ませば完成。

ブルーベリーは傷みやすいので、水で洗う際に傷んでいるものは、あらかじめ取り除いておきましょう。

Fig Jam
フィグジャム

香りが良く、ぷちぷちとした種の食感がクセになるイチジクジャム。甘さが控えめなのも特徴で、甘いものが苦手な人でも食べやすいジャムです。

● **保存期間**
【開封前】冷蔵庫で約1年
【開封後】冷蔵庫約1カ月

● **材料**
イチジク 300g
グラニュー糖 150g
レモン汁 小さじ1

1. イチジクのヘタ部分を持って下方向に皮を薄くむき、適当な大きさに切る。
2. イチジクを鍋に入れ、グラニュー糖、レモン汁を加えてフタをして、30分〜1時間置く。
3. イチジクから果汁が出てグラニュー糖が溶けてきたら鍋を弱火にかける。焦げないようヘラでかき混ぜながら煮詰め、アクが出たら取り除く。
4. 水分を飛ばすように優しく混ぜ、好みの濃度になったら火を止めて、温かいうちに煮沸消毒した瓶に移しかえる。フタをしっかり閉めたら瓶をひっくり返し、自然に冷ませば完成。

Point イチジクを長時間触ると指がかゆくなる場合があるので、ゴム手袋などを使って対策を。

28 *Apple Compote*
アップルコンポート

ほのかなピンクに色付いた可愛らしいリンゴのコンポート。隠し味にスターアニスなどのスパイスを入れれば、大人向けの味に仕上がります。

● **保存期間**
冷蔵庫で約1ヵ月

● **材料**
リンゴ ..... 2個（約600g）
グラニュー糖 60g
白ワイン 300mℓ
レモン汁 大さじ2
スターアニス（八角）..... 1片

1. リンゴを水で洗って皮をむき、8等分の串切りにして芯を取り除く。また、リンゴの皮は捨てずに取っておく。
2. 鍋の底にリンゴの皮を敷き詰め、その上にリンゴ、グラニュー糖、白ワイン、レモン汁、スターアニスを入れて火にかける。
3. 煮立ってきたら火を弱め、アクを取り除きながら15～20分ほど煮詰めて、リンゴが柔らかくなったら火を止める。粗熱が取れたら煮汁ごと煮沸消毒した保存容器に移しかえて、冷蔵庫で保存する。

皮と果肉を一緒に煮ることで、皮の周辺の豊富な養分が煮汁にしみ出るほか、ほんのりピンク色に染まったコンポートができます。

Cherry Compote
チェリーコンポート

アメリカンチェリーのおいしさをそのまま凝縮したコンポート。サクランボを蒸留したお酒「キルシュワッサー」を最後に少し加えるだけで、深みがぐっと増します。

● **保存期間**
冷蔵庫で約1カ月

● **材料**
アメリカンチェリー 300g
グラニュー糖 100g
レモン汁 大さじ1
キルシュワッサー（キルシュ）
..... 大さじ1

1. アメリカンチェリーを軽く水で洗い、ヘタと種を取り除く。
2. チェリーを鍋に入れ、グラニュー糖、レモン汁を加えてフタをして、1〜2時間置く。
3. チェリーから果汁が出てグラニュー糖が溶けてきたら鍋を弱火にかけ、チェリーの形がなくならないように5分ほど加熱し、火を止める直前にキルシュワッサーを全体に回しかける。
4. 火を止めて粗熱が取れるまで待ったら、煮汁ごと煮沸消毒した保存容器に移しかえて、冷蔵庫で保存する。

Point キルシュワッサーが手に入らない場合は、ブランデーでも代用できます。

Peach Compote
ピーチコンポート

熟す前の固いモモは、コンポートにしておいしくいただきましょう。モモを煮るときに少し白ワインを入れると、大人の味のデザートになります。

● **保存期間**
冷蔵庫で1カ月

● **材料**
モモ（白桃・黄桃どちらでも可）
..... 2個（400g）
グラニュー糖 100g
レモン汁 大さじ1
水 100mℓ

1. 水で洗ったモモを半分に割って種を取り出し、皮をむく（むきにくければ湯むきする）。モモの皮は捨てずに取っておく。
2. モモと取っておいた皮を鍋に入れ、グラニュー糖、レモン汁、水を加えて弱火にかけ、10分ほど煮詰める。その間、全体に味が染み込むようにモモを一度裏返す。
3. モモが柔らかくなったら火を止め、粗熱が取れたら、煮沸消毒した保存容器にシロップごと移しかえて、冷蔵庫で保存する。

Point 白桃の場合、モモの皮を果肉と一緒に煮詰めるとほんのりとピンク色のコンポートができます。

Orange Marmalade
オレンジマーマレード

酸味とほろ苦さが特徴のオレンジマーマレードに、スパイスの風味をプラス。パンに塗るのはもちろん、スペアリブやポークソテーなどの肉料理とも相性抜群です。

● 保存期間
冷暗所または冷蔵庫で約1カ月

● 材料
オレンジ（無農薬）..... 4個　水 2.25ℓ
レモン汁 ..... 1個分　グラニュー糖 1kg

A｜シナモンスティック 1本
　｜スターアニス（八角）..... 1個
　｜クローブ 8個
　｜コリアンダーシード 小さじ1

1. 水で洗ったオレンジの皮をむき、半分に切って果汁と種を絞り出す。果汁は別皿に移し、種は捨てずに取っておく。
2. 果肉を包む薄皮（内袋）と皮の内側のワタをスプーンでこそぎ落とし、皮を千切りにする。内袋とワタは捨てずに取っておく。
3. 内袋、ワタ、種を〔A〕と一緒にガーゼなどの布で包み、ヒモでしっかりと縛る。
4. 鍋に〔3〕、オレンジの果肉・皮・果汁、レモン汁、水を入れて弱火にかけ、約2時間煮詰める。皮が柔らかくなり水分が約半分になったら、布袋を取り出す。
5. グラニュー糖を加え完全に溶けるまで木ベラで混ぜたら、とろりとツヤが出るまでさらに混ぜながら、30～40分煮詰める。
6. 泡が出始めたら弱火にしてアクを取る。煮詰まったら火を止めて約15分置く。
7. 温かいうちに煮沸消毒した瓶に移しかえる。フタをしっかり閉めたら瓶をひっくり返し、自然に冷ませば完成。

Point 皮ごと使用するので、オレンジは無農薬のものが望ましいですが、用意できない場合は、果皮に付いた防腐剤を落とすために粗塩をまぶし、軽くこすってから洗い流すと良いでしょう。

32 *Onion Jam* オニオンジャム

タマネギを使ったオニオンジャムは、ヨーロッパでは定番のジャムのひとつ。甘酸っぱくなめらかな食感が特徴で、パンはもちろん、チーズやロースト肉などにもよく合います。

● **保存期間**
冷暗所または冷蔵庫で約1カ月

● **材料**
タマネギ 3個
オリーブオイル 大さじ2
バルサミコ酢 50mℓ
白ワイン 50mℓ
塩 ..... 少々
コショウ ..... 少々

1. タマネギの皮をむき、縦半分に切って芯をくり抜いたら、薄切りにする。
2. 鍋にオリーブオイルを入れて中火にかけ、温まったらタマネギを入れて焦げないように炒める。タマネギがしんなりしてきたら弱火にする。
3. タマネギが透き通ってきたら、バルサミコ酢と白ワインを加えて煮詰めていく。タマネギが飴色になって水分が飛んだら、塩とコショウで味を調え、火を止める。
4. 温かいうちに煮沸消毒した瓶に移しかえる。フタをしっかり閉めたら瓶をひっくり返し、自然に冷ませば完成。

 Point 赤タマネギを使った場合は紫色のジャムになり、料理の彩りにも使えます。

ペースト・ソース・調味料

33 *Yuzukosho*
柚子胡椒

九州などで調味料としてよく使われる柚子胡椒。九州の方言では「トウガラシ」を「コショウ」と呼び、柚子胡椒にも実際のコショウではなく青トウガラシを使います。

● **保存期間**
冷蔵庫で約1週間、冷凍庫で約1年

● **材料**
青ユズ ….. 1kg
青トウガラシ ….. 100g　粗塩 ….. 20g

1. 青ユズを水で洗い、ザルにあげて水を切ったら、皮をできるだけ薄くむくか、おろし金などで細かく削り取る。
2. ボウルに青ユズの皮を入れて粗塩（半量）をまぶし、全体に行き渡るように混ぜ合わせたら、フードプロセッサーにかけてペースト状にする。
3. 水で洗った青トウガラシのヘタを落としてざっくりとみじん切りにする。
4. ボウルに青トウガラシを入れて残りの粗塩をすべてまぶし、全体に行き渡るように混ぜ合わせたら、フードプロセッサーにかけてペースト状にする。
5. 〔2〕と〔4〕をボウルに移し、ヘラでまんべんなく混ぜ合わせたら完成。煮沸消毒した瓶に移しかえて、冷蔵庫または冷凍庫で保存する。完成後はすぐに食べられるが、2週間～1カ月寝かせると味がなじみ、よりおいしくなる。

Point　青トウガラシは刺激が強いので、下ごしらえする際は必ずゴム手袋を着用しましょう。

Tapenade
タプナード

フランス南東部のプロヴァンス地方に伝わるタプナード。ブラックオリーブで作る「黒のタプナード」と、グリーンオリーブで作る「緑のタプナード」の2種類があります。

● **保存期間**
冷蔵庫で約2週間

● **材料**
ブラックオリーブの塩漬け（種なし） 150g

A
- ケッパー 70g
- アンチョビ 3枚
- オリーブオイル 大さじ3
- レモン汁 大さじ1

1. ブラックオリーブの塩漬けを粗みじんに刻む。
2. フードプロセッサーに〔1〕と〔A〕の材料をすべて入れ、なめらかなペースト状になるまで混ぜ合わせたら完成。このとき、食感を楽しみたいなら少し粒が残る程度で止める。また、バジルやミントを加えてもよいが、日持ちしなくなるので注意。
3. 煮沸消毒した瓶に移しかえて、冷蔵庫で保存する。

グリーンオリーブを使う「緑のタプナード」の場合は、〔A〕の材料を松の実、アーモンド、ニンニク、ケッパー、オリーブオイル、レモン汁に変えて混ぜ合わせればOKです。

 ## Miso
味噌

「手前味噌」という言葉もあるように、かつては各家庭で手作りした味噌。現在は手軽な市販品もありますが、半年以上かかる自家製味噌は、作りがいがあります。

● 保存期間
冷蔵庫で約1年

● 材料

乾燥大豆 ..... 500g　米麹(こうじ) ..... 1kg　塩 300g

1. 大きな容器に、水洗いした大豆と大豆の3〜4倍の水を入れて15〜18時間浸す。
2. 鍋に大豆を入れ全体が浸かるまで水を注ぎ、中火にかける。沸騰したら弱火にし、差し水をしつつ4〜5時間煮て、大豆が指で簡単につぶれるほど軟らかくなったら火を止める。この間、アクが出たら取る。
3. 大豆をザルにあげて煮汁と分ける(煮汁は捨てずに取っておく)。大豆が温かいうちに厚手のビニール袋に入れて、手や足で踏んでつぶすか、フードプロセッサーでペースト状になるまで混ぜ合わせる。
4. ボウルに米麹、塩を入れて混ぜ合わせたら〔3〕を移し入れ、そこに大豆の煮汁(250mℓ)を少しずつ加えながら混ぜる。
5. 十分に混ざったらおにぎり大の量を手に取り空気を抜きながら丸め、保存容器に押し固めるようにして詰めていく。すべて詰め終わったら、表面を平らにならす。
6. 空気に触れないようにラップでぴったりと覆い、その上に落としブタをして重石をのせ、さらに新聞紙で覆う。最後にヒモやゴムでしっかり縛ったら、仕込みは完了。風通しの良い冷暗所で半年以上発酵・熟成させれば完成。

 発酵中にカビが生えたら、その部分を取り除きます。また、発酵がある程度進んだら、底の味噌が上にくるように混ぜ合わせる「天地返し」を行うと、より発酵が進んで風味も良くなります。

Mango Chutney
マンゴーチャツネ

36

フルーティーでスパイスの風味が効いたマンゴーチャツネ。インドでは、ジャムのようにナンなどにつけて食べるほか、カレーの隠し味としても利用されています。

● **保存期間**
冷蔵庫で約2カ月

● **材料**
青マンゴー 2個
ショウガ 1片
カルダモン 2個
クミンシード 小さじ1
コリアンダーシード 小さじ1
グラニュー糖 200g
酢 200mℓ
レモン汁 1/2個分

1. 青マンゴーは皮をむいて薄切りに、ショウガは皮をむいて千切りに、カルダモンは殻を割って中の種を取り出しておく。

2. 鍋にグラニュー糖、酢を入れて火にかけ、グラニュー糖が溶けてきたらマンゴー、ショウガ、カルダモン、クミンシード、コリアンダーシードを加え、時折かき混ぜながら弱火で30分ほど煮詰める。

3. 〔2〕にレモン汁を加えてさらに10分煮詰め、とろみが出てきたら火を止める。温かいうちに煮沸消毒した瓶に移し入れてフタを閉め、瓶をひっくり返して自然に冷ませば完成。

Point 熟していない青マンゴーが手に入らない場合は、完熟前のマンゴーを使ってもOK。

Green Chutney
グリーンチャツネ

鮮やかな緑色のグリーンチャツネは、加熱しないチャツネ。ミントとコリアンダーの爽やかな香りと青トウガラシの辛味が食欲をそそり、揚げ物などによく合います。

● **保存期間**
冷蔵庫で約2週間

● **材料**
ミント 20g
コリアンダー 20g
青トウガラシ 2本
ニンニク 1片
ショウガ 1片
ライム汁 1個分
塩 ..... 少々

1. ミント、コリアンダー、青トウガラシを水で洗い、ざっくりと乱切りにする。また、ショウガは皮をむいて千切りに、ニンニクは皮をむいて軽くつぶしておく。
2. すべての材料をミキサーに入れ、ペースト状になるまで混ぜ合わせる。
3. 煮沸消毒した保存容器に移しかえて、冷蔵庫で保存する。

Point 材料をミキサーにかける際は、水(分量外)を少し加えるとより混ざりやすくなります。

Tomato Sauce
トマトソース

「イタリア料理の基本」ともいわれるトマトソース。ピザやパスタのソースやコンソメを入れてスープにするなど、常備しておけば何かと役に立ってくれます。

● **保存期間**
冷蔵庫で約1週間、冷凍庫で約1カ月

● **材料**
トマト（サンマルツァーノなどの細長い品種）..... 8個
タマネギ 1/4個
ニンニク 1片
バジル（ちぎっておく）..... 1束
オリーブオイル 大さじ4
塩 ..... 少々
コショウ ..... 少々

1. トマトのヘタをくり抜き、熱湯に通す。皮がめくれてきたら冷水に取って水気を切り、皮をむいてざく切りにしておく。
2. タマネギとニンニクは皮をむき、みじん切りにしておく。
3. 鍋にオリーブオイル、ニンニクを入れて弱火にかけ、香りが出たらタマネギを加えて炒める。
4. タマネギがキツネ色になったら、トマトとバジルを加えて弱火で20分煮詰め、最後に塩、コショウで味を調える。温かいうちに煮沸消毒した瓶に移しかえてフタを閉め、瓶をひっくり返して自然に冷ませば完成。

Point
トマトソースを煮詰める際は、アクが出ても取らないようにしましょう。これにより、さらに色鮮やかに仕上がります。また、お好みでローリエやオレガノなどを加えるのもおすすめです。

Cranberry Sauce
クランベリーソース

真っ赤な色と甘酸っぱさが特徴のクランベリーソース。アメリカでは感謝祭に七面鳥の丸焼きにかけて食べるのが伝統で、鮮やかな色のソースが食卓を華やかに彩ります。

● **保存期間**
冷蔵庫で1カ月

● **材料**
クランベリー 250g
グラニュー糖 200g
水 200mℓ

1. クランベリーを水で洗い、傷んでいるものがあれば取り除いておく。
2. 鍋に水、グラニュー糖を入れて弱火にかけ、グラニュー糖が完全に溶けたらクランベリーを入れて中火にする。
3. 沸騰したら弱火に戻してフタをして、さらに15分ほど煮る。クランベリーの皮が弾けてとろみが出てきたら火を止め、温かいうちに煮沸消毒した瓶に移しかえてフタを閉め、瓶をひっくり返して自然に冷ませば完成。

水の代わりにオレンジジュースを使って作る方法もあるほか、風味付けにコショウやショウガ、シナモンなどを入れてアレンジするのもおすすめです。

Bagna Cauda Sauce
バーニャカウダソース

イタリア北西部、ピエモンテ州の郷土料理であるバーニャカウダ。「熱いソース」を意味する名前の通り、温めたソースに野菜を付けていただく、冬の定番料理です。

● **保存期間**
冷蔵庫で約1カ月

● **材料**
オリーブオイル 150mℓ
ニンニク 5片
アンチョビ 12尾
牛乳 ..... 適量

1. ニンニクの皮をむき、縦半分に切る。
2. 鍋にニンニクを入れ、すべて隠れるまで牛乳を注いで中火にかける。沸騰したら弱火にし、ニンニクが柔らかくなるまで20〜40分煮る。
3. ニンニクをしっかりと水で洗い、水気を切る。
4. ニンニク、アンチョビをフードプロセッサーにかけるか、包丁でたたいてペースト状にする。
5. 〔4〕を鍋に入れ、オリーブオイルを加えて弱火にかけ、15〜20分煮て火を止めたら完成。自然に冷めるのを待ち、保存容器に移して冷蔵庫で保存し、食べる際は再度加熱する。

下ごしらえとしてニンニクを牛乳で煮ておくと、マイルドな味わいになり、気になる臭いも抑えることができます。

Honey Mustard Dressing
41 ハニーマスタードドレッシング

ハチミツの濃厚な甘さとマスタードの酸味が、絶妙にマッチしたハニーマスタードドレッシング。ローストチキンをはじめ、肉料理や魚料理によく合います。

● **保存期間**
冷蔵庫で約1週間

● **材料**
マスタード 大さじ2
ハチミツ 大さじ2
レモン汁 大さじ2
マヨネーズ 200g
塩 ..... 少々
コショウ ..... 少々

1. すべての材料をボウルに入れ、よくかき混ぜる。
2. 全体がよく混ざったら保存容器に入れて、冷蔵庫で保存する。

Point マスタードは、好みに応じて粒タイプやペーストを使い分けると良いでしょう。

Peanut Butter
ピーナッツバター

ピーナッツバターをたっぷり塗ったトーストは、アメリカの定番の朝食メニュー。中華料理では「花生醤（ファションジャン）」という名で、調味料として活用されています。

● **保存期間**
冷蔵庫で約10日

● **材料**
ピーナッツ 150g
ピーナッツオイル
（オリーブオイルでも可）..... 大さじ1
ハチミツ 小さじ3
塩 小さじ1

1. ピーナッツの殻を割り、中から豆を取り出す。このとき、薄皮は付けたままにしておく。
2. フライパンにピーナッツオイルを入れて中火にかけ、ピーナッツを加えて15分ほど炒める。
3. 炒めたピーナッツをキッチンペーパーの上に移して余分な油を落としつつ、15分ほど置いて自然に冷ます。
4. ピーナッツの薄皮を取り除き、フードプロセッサーにかけるか、すり鉢ですりつぶす。ある程度細かくなったらハチミツ、塩を加え、ペースト状になるまで混ぜれば完成。保存容器に移して冷蔵庫で保存する。

Point ハチミツの代わりに砂糖を使ってもOK。また、ピーナッツだけで作ることもできます。

Flavored Oils
フレーバーオイル

オリーブオイルにハーブやニンニクを漬けておくと風味や香りが増し、料理のアクセントになります。ここでは、基本的なガーリックオイルとハーブオイルの作り方を紹介します。

● **保存期間**
冷蔵庫で1〜2週間

● **材料**

【ガーリックオイル】
ニンニク 2片
トウガラシ 2本
黒コショウ（粒）..... 10粒
オリーブオイル 200ml

【ハーブオイル】
好みのハーブ（ローズマリー、タイム、セージ、ディル、オレガノ、バジルなど）..... 適量
オリーブオイル 200ml

【ガーリックオイル】
1. ニンニクは皮をむいてみじん切りにし、黒コショウは少しつぶしておく。
2. 煮沸消毒した瓶にニンニク、トウガラシ、黒コショウを入れ、オリーブオイルを注ぎ入れる。
3. フタをして冷暗所または冷蔵庫で5日〜1週間寝かせ、味がなじんだら完成。

【ハーブオイル】
1. ハーブを水で洗い、しっかり乾かす。
2. 煮沸消毒した瓶にハーブを入れ、完全に浸かるまでオリーブオイルを注ぎ入れる。
3. フタをして冷暗所または冷蔵庫で5日〜1週間寝かせ、味がなじんだら完成。

オリーブオイルに早く香りを移したい場合は、ニンニクやハーブをオリーブオイルと一緒に鍋に入れ、極弱火で5分ほど加熱すると良いでしょう。ただし、この方法で作ったフレーバーオイルは、非加熱のものより保存期間が短くなるので注意が必要です。

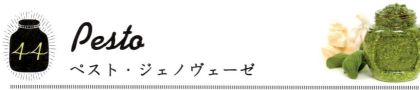

Pesto
ペスト・ジェノヴェーゼ

イタリア北西部の都市ジェノヴァで生まれた、ペスト・ジェノヴェーゼ。バジルの香りとパルミジャーノ・レッジャーノのコク、そして鮮やかな緑色が食欲をそそります。

● 保存期間
冷蔵庫で約1週間、冷凍庫で約1カ月

● 材料
バジル（ちぎっておく）..... 100g
松の実 30g
パルミジャーノ・レッジャーノ
（削ったものかパウダータイプ）
..... 60g
ニンニク 2片
オリーブオイル 80mℓ
塩 大さじ1/2

1. バジルを水で洗い、キッチンペーパーで水気をよく拭き取る（水気が残るとソースが傷む原因になるので注意する）。

2. すり鉢にバジル、松の実、ニンニクを入れて、ペースト状になるまですりつぶす。

3. 〔2〕にパルミジャーノ・レッジャーノ、塩を加え、オリーブオイルを数回に分けて加えながら、油分が上部に浮いてこないなめらかなペースト状になるまで混ぜ合わせれば完成。

4. 煮沸消毒した瓶に移して冷蔵庫で保存する。使う際は、よくかき混ぜてから使用する。

Point 材料をペースト状にする際はフードプロセッサーを使っても良いですが、その場合はバジルの風味が若干損なわれるので、すり鉢を使うのがおすすめです。

Ragù Bolognese
ラグー・ボロネーゼ

イタリア北部の都市ボローニャ発祥のラグー・ボロネーゼ。細かく刻んだ香味野菜と牛ひき肉を煮込んだソースで、日本では「ミートソース」という名で知られています。

● **保存期間**
冷蔵庫で約1週間、冷凍庫で約1カ月

● **材料**
牛ひき肉 500g
ニンニク 2片
タマネギ 1個
ニンジン 1本
セロリ 1本
パンチェッタ 50g
ホールトマト（缶詰）..... 400g
赤ワイン 200mℓ
オリーブオイル 大さじ3
ローリエ 2枚
塩 ..... 少々
コショウ ..... 少々

1. ニンニク、タマネギ、ニンジン、セロリ、パンチェッタをみじん切りにする。
2. 鍋にオリーブオイル、パンチェッタを入れて中火にかけ、キツネ色になるまで炒めたら、ニンニク、タマネギを加えてさらに炒める。タマネギが透き通ってきたらニンジン、セロリを加え、20分ほど炒めたら火を止める。フタをして野菜のうま味を閉じ込める。
3. 別のフライパンに油（分量外）を入れて強火にかけ、牛ひき肉を入れて炒める。しっかりと焼き色が付いたら赤ワインを加え、アルコールを飛ばしながら煮詰める。
4. 〔2〕の鍋に〔3〕を移し入れ、ホールトマト、ローリエを加えて中火にかける。沸騰したらアクを取り、フタをして極弱火で約1時間煮詰める。
5. 塩、コショウで味を調えたら火を止めて自然に冷めるのを待ち、保存容器に移しかえて冷蔵庫または冷凍庫で保存する。

Point
トマトペーストを加えて煮詰めるとさらにコクが増します。また、イタリアではラグー・ボロネーゼを食べる際、平打ちのロングパスタ「タリアテッレ（左ページ参照）」を合わせるのが定番です。

Mushroom Pâté
マッシュルームパテ

キノコがおいしい季節になったら、ぜひマッシュルームを使ったパテを作ってみましょう。マッシュルームの香りとコクのある味わいは、ワインにもぴったりです。

● **保存期間**
冷蔵庫で約1週間、冷凍庫で約1カ月

● **材料**
マッシュルーム 200g
オリーブオイル 大さじ1
タマネギ ..... 1/2個　ニンニク 2片
トウガラシ 1本
タイム（ドライ）..... 小さじ1
溶かしバター 30g
塩 ..... 少々　コショウ ..... 少々

1. マッシュルームは洗って薄切りに、ニンニクは皮をむいてみじん切りに、タマネギは皮をむいて薄切りにする。

2. フライパンにオリーブオイル、ニンニク、トウガラシを入れて弱火にかけ、香りが移ったらマッシュルーム、タマネギ、タイムを加えて炒める。

3. 全体的にしんなりして茶色く色付いてきたら、塩、コショウで味を調え、火を止めて粗熱を取ったら、トウガラシを取り出す。

4. フードプロセッサーに〔3〕を入れ、ペースト状になるまで混ぜたら、溶かしバターを数回に分けて加えながら、さらに混ぜ合わせる。

5. 保存容器に移しかえて、冷蔵庫で4〜5時間冷やして固めたら完成。

マッシュルームはブラウンとホワイトどちらでもOKですが、2種類を混ぜてもおいしいです。 Point

Chicken Liver Pâté
チキンレバーパテ

ホームパーティーなどに重宝する、チキンレバーパテ。手作りする場合は、丁寧にレバーの血抜きをしておくことで、臭みがなくなめらかな口当たりに仕上がります。

● **保存期間**
冷蔵庫で約1週間、冷凍庫で約1カ月

● **材料**
鶏レバー ..... 200g　牛乳 ..... 適量
ニンニク ..... 2片　タマネギ 1/2個
セロリ ..... 1/2本　ローリエ 2枚
ケッパー ..... 小さじ1　溶かしバター 150g
オリーブオイル 大さじ1
コニャックまたはマディラ酒 50mℓ
塩 ..... 少々　コショウ ..... 少々

1. 鶏レバーの余分な脂肪を取って筋を切り、水で洗ってひと口大に切る。水を張ったボウルに1時間ほど浸して血抜きする。

2. レバーをもみ洗いし、別のボウルに入れて牛乳を注ぎ、15分ほど置いたら水で洗う。

3. ニンニクとタマネギの皮をむき、ニンニクはみじん切りに、タマネギとセロリは薄切りにする。鍋にオリーブオイル、ニンニクを入れて中火にかけ、香りが移ったらタマネギとセロリを加え炒める。

4. 全体的にしんなりしたらコニャックを加えてアルコールを飛ばし、レバー、ローリエ、塩、コショウを加えて炒める。レバーの色が変わったら火を止めて粗熱を取り、ローリエを取り出す。

5. フードプロセッサーに〔4〕、ケッパーを入れ、溶かしバターを少しずつ加えながら、ペースト状になるまで混ぜ合わせる。

6. 保存容器に移しかえて、冷蔵庫で4〜5時間冷やして固めたら完成。

Point 鶏レバーを水に浸して血抜きする際は、何度か水を替えるとより生臭さが抜けやすくなります。

燻製

Smoked Cheese
スモークチーズ

スモークチーズは、自宅でも意外と簡単に作れる燻製食品のひとつ。50〜80℃でゆっくりといぶす「温燻法」で作ることにより、保存期間が長くなります。

● **保存期間**
冷蔵庫で約1週間

● **材料**
プロセスチーズまたはチェダーチーズ、ゴーダチーズなどのナチュラルチーズ ..... 適量
ウッドチップ（サクラ、リンゴなど）..... 20g

1. 直射日光が当たらない風通しの良い場所にチーズを置き、表面のツヤがなくなるまで1〜2時間ほど乾燥させる。
2. 深い鍋の底にアルミホイルで包んだウッドチップを置き、その上に足付きの網を置いたら、チーズを並べてフタをし、中火にかける。
3. 煙が出てきたら2〜3分待って弱火にし、温度が50〜80℃になるように火加減を調整する。温度が上がり過ぎたら火を止め（火を止めてもしばらく煙は出続ける）、煙が出なくなったら再び弱火にかける。
4. 1時間ほど低温でいぶしたら火を止める。好みで燻製時間を調整しつつ、燻製中にチーズの表面に水滴が付いていたらこまめに拭き取る。燻煙が終わったら、粗熱が取れるまで風通しの良い場所で乾燥させ、ラップで包んで冷蔵庫で1日寝かせたら完成。

Point ナチュラルチーズで作る場合、温度管理を怠るとすぐに溶けてしまうので、注意が必要です。

Smoked Salmon
スモークサーモン

燻製作りに慣れてきたら、上級者向けのスモークサーモンに挑戦してみましょう。30℃以下を保つ「冷燻法」は温度管理が難しいので、冬場に作るのが最適です。

● 保存期間
冷蔵庫で約1週間

● 材料
生サケ
（キングサーモン、紅サケなど）….. 500g
スモークウッド
（サクラ、ヒッコリー、ナラなど）….. 1本

A
- 塩 ….. 20g　砂糖 ….. 10g
- コショウ ….. 適量
- セージ ….. 適量
- フェンネル ….. 適量
- ディル ….. 適量

1. キッチンペーパーでサケの表面の水気を拭き取る。〔A〕の材料を混ぜてサケにまぶし、キッチンペーパーで包んで冷蔵庫でひと晩寝かせる。
2. サケの表面を水で洗って水気を拭き取り、ラップをせずに冷蔵庫で半日～1日乾燥させる。
3. 背の高い燻製器を用意して上段の網にサケをのせ、スモークウッドに点火して約1週間いぶす。燻製器内の温度が上がり過ぎたら、内部に氷を入れて温度調整する。
4. 燻製が終わったら風通しの良い場所で2時間ほど乾燥させ、ラップで包んで冷蔵庫で1～2日寝かせたら完成。

Point この方法では、熱源を使わずにスモークウッドから立ち昇る煙のみで燻製を行いますが、こまめに温度をチェックして、30℃以下を保つように注意しましょう。

50 Bacon
ベーコン

メイン料理から脇役まで、さまざまな料理で活躍するベーコン。手間と時間はかかりますが、自分好みの味付けで作った自家製ベーコンは、おいしさも格別です。

● **保存期間**
冷蔵庫で約1カ月

● **材料**
豚バラ肉（ブロック）..... 500g
スモークウッド（サクラなど）..... 1本
塩 ..... 30g　ローリエ 4枚
A 砂糖 ..... 15g　コショウ ..... 適量
　ローズマリー ..... 適量

1. フォークなどで豚肉全体に穴を開け、塩をすり込んでおく。
2. 〔A〕の材料をすべて混ぜて豚肉にすり込んだら、フリーザーバッグにローリエと一緒に入れ、冷蔵庫で5日〜1週間寝かせる。この間、1日1回上下を裏返す。
3. 豚肉の表面をきれいに水で洗い、水を張った大きめのボウルに漬けて塩抜きする。1時間おきにきれいな水に替え、5時間以上水に漬ける。
4. 豚肉の表面の水気を拭き取ったら、ラップをせずに冷蔵庫に入れて半日〜1日寝かせ、しっかりと乾燥させる。
5. 豚肉を燻製器に吊るし、スモークウッドに点火して50〜80℃で3〜5時間ほどいぶす。
6. 燻製が終わったら風通しの良い場所で2時間ほど乾燥させ、ラップで包んで冷蔵庫で1〜2日寝かせたら完成。

 Point　きちんと塩抜きできてないと、塩気が強過ぎて食べられなくなってしまいます。塩抜きの加減は、豚肉の端を少し切って焼き、味見して少々薄味に感じる程度がベストです。

果実酒

Sangria
サングリア
51

サングリアは、スペインやポルトガルでは定番のフレーバーワイン。ワインに好みのフルーツを漬けるだけで、見た目にも楽しいオシャレなドリンクになります。

● **保存期間**
冷蔵庫で3〜5日

● **材料**
赤ワイン ….. 1本（750mℓ）
オレンジ ….. 2個　リンゴ ….. 1個
レモン（無農薬）….. 1個
イチゴ ….. 適量　ブルーベリー ….. 適量
A｜ブランデー ….. 100mℓ
　｜オレンジリキュール ….. 50mℓ
　｜グラニュー糖 ….. 大さじ2
　｜シナモンスティック ….. 2本

1. フルーツを水でよく洗う。レモンは薄切りにし、オレンジとリンゴは皮をむいてひと口大に切り、イチゴはヘタを切り落としてから縦半分に切る。
2. ピッチャーにオレンジ、リンゴ、レモン、イチゴ、ブルーベリー、〔A〕をすべて入れたら、最後に赤ワインを注ぎ入れる。
3. ピッチャーにラップをして冷蔵庫に入れ、ひと晩漬け込んで味がなじんだら完成。

Point　白ワインで作る場合はすっきりした味になるので、モモなどを加えて甘さをプラスしましょう。

リモンチェッロ

甘さとほろ苦さ、レモンの香りと黄色が特徴のリモンチェッロ。イタリアの伝統的なリキュールで、現地では食後酒として、キリっと冷やしてストレートで飲みます。

● 保存期間
冷蔵庫で2〜3年

● 材料
スピリタス ..... 1本（500mℓ）
レモン（無農薬）..... 15個
グラニュー糖 700g
水 1ℓ

1. レモンを水でよく洗い、皮をむく。
2. 煮沸消毒した瓶にレモンの皮を入れてスピリタスを注ぎ入れ、冷暗所で1週間寝かせる。その間、1日1回瓶を揺らして味をなじませる。
3. レモンの色がスピリタスに移って黄色く染まったら、ガーゼで濾して皮を取り除く。
4. 鍋にグラニュー糖、水を入れて中火にかけ、焦げないように混ぜながら煮詰める。グラニュー糖が完全に溶けたら火を止め、粗熱を取る。
5. 〔3〕の瓶に〔4〕を注ぎ入れ、常温で1週間ほど寝かせて味がなじんだら完成。

Point 無農薬のレモンがない場合は、塩で表面をもみ込むようにこすり、水で洗い流せばOKです。

Umeshu 梅酒

江戸時代から庶民の間で親しまれている梅酒。5月初旬に青ウメを漬けて飲み頃を迎えるまで、少しずつ変化する様子を眺めるのも梅酒作りの醍醐味です。

● 保存期間
冷暗所で2〜5年

● 材料
青ウメ 1kg
氷砂糖 ..... 600〜800g
ホワイトリカー 1.8ℓ

1. ウメを丁寧に水で洗い、たっぷりの水に2〜3時間漬けてアク抜きを行う。
2. ウメの水気をよく拭き取ったら、竹串などでヘタを丁寧に取り除く。このとき、水気が残っていたり表面を傷付けたりすると、カビの原因になるので注意する。
3. 煮沸消毒した瓶（4ℓ以上のもの）に、ウメと氷砂糖を層になるように交互に詰めていく。
4. 上からホワイトリカーを注ぎ入れ、フタをしたら冷暗所で保管する。その間、数日に1回瓶を揺らし、中の糖度を均一に保つようにする。3〜6カ月寝かせたら完成。

Point: ウメの果実をいつまでも漬けておくとにごりが出てくる場合があるので、1〜1年半ほど漬けたら取り出して漉（こ）しておくと、さらに長期保存できるようになります。

Cassis Liqueur
カシス酒

フランス・ブルゴーニュ地方の「クレーム・ド・カシス」を筆頭に、深い赤色と爽やかな甘味が特徴のカシス酒。ここでは、家庭でも作れる簡単なレシピを紹介します。

● **保存期間**
冷暗所で2～5年

● **材料**
カシス（黒スグリ）….. 600g
氷砂糖 ….. 150g
ホワイトリカー ….. 1.8ℓ

1. カシスを水で洗い、水気をよく拭き取る。
2. 煮沸消毒した瓶に、カシスと氷砂糖を層になるように交互に詰めていく。
3. 上からホワイトリカーを注ぎ入れ、フタをしたら冷暗所で保管をする。
4. 漬け込んで2カ月経ったら、カシスの果実だけを取り出し、中身を漉してさらに3カ月ほど寝かせ、熟成したら完成。

取り出したカシスの果実は、捨てずに砂糖と煮詰めれば、ジャムとしておいしくいただけます。 **Point**

Apricot Liqueur
アンズ酒

ウメと同様、初夏に旬を迎えるアンズ。そのまま食べるのはもちろん、果実酒も非常に美味。作り方は梅酒とほぼ同じなので、同時に漬けて味の違いを楽しんでみては？

● **保存期間**
冷暗所で2〜5年

● **材料**
アンズ 800g
氷砂糖 300g
ホワイトリカー 1.8ℓ

1. 粒のそろったやや固めのアンズを選んで水で洗い、水気をよく拭き取ったら、竹串などでヘタを丁寧に取り除く。このとき、水気が残っていたり表面を傷付けたりすると、カビの原因になるので注意する。

2. 煮沸消毒した瓶に、アンズと氷砂糖を層になるように交互に詰めていく。

3. 上からホワイトリカーを注ぎ入れ、フタをしたら冷暗所で保管する。半年〜1年経ったらアンズの果実だけを取り出し、中身を漉せば完成。

Point アンズを漬ける際、一緒にレモンの輪切りを数枚入れておくと、爽やかな風味になります。

知っておいしい　保存食事典
　　　　　　　し　　　　　　　　　　ほぞんしょくじてん

装丁・デザイン	谷伸子・小島優貴
写真	Shutterstock
編集・制作	株式会社エディング

2017年8月15日　初版第1刷発行

編　者	株式会社実業之日本社
発行者	岩野裕一
発行所	株式会社実業之日本社 〒153-0044 東京都目黒区大橋1-5-1　クロスエアタワー8階 電話（編集）03-6809-0452　（販売）03-6809-0495 http://www.j-n.co.jp/
印刷・製本	大日本印刷株式会社

・・・・・・・・・・・・・・・・・・・・・・・・・・・・・・・・・・

Ⓒ Jitsugyo no Nihon Sha, Ltd. 2017 Printed in Japan
ISBN978-4-408-00903-2（第一趣味）

本書の一部あるいは全部を無断で複写・複製（コピー・スキャン・デジタル化等）・転載することは、法律で定められた場合を除き、禁じられています。
また、購入者以外の第三者による本書のいかなる電子複製も一切認められておりません。
落丁・乱丁（ページ順序の間違いや抜け落ち）の場合は、ご面倒でも購入された書店名を明記して、小社販売部あてにお送りください。送料小社負担でお取り替えいたします。
ただし、古書店等で購入したものについてはお取り替えできません。
定価はカバーに表示してあります。
小社のプライバシー・ポリシー（個人情報の取扱い）は上記ホームページをご覧ください。